1 Der Erste Weltkrieg

❶ Der Ausbruch des Krieges

August Bebel, Vorsitzender der SPD:

„So wird man eben von allen Seiten rüsten und wieder rüsten, man wird rüsten bis zu dem Punkt, (…).
In Europa wird der große Generalmarsch geschlagen, auf den hin 16–18 Mio. Männer, ausgerüstet mit den besten Mordwerkzeugen, gegeneinander als Feinde ins Feld rücken (…). Hinter diesem Krieg steht der Massenbankrott, das Massenelend, die Massenarbeitslosigkeit, die Hungersnot!"

Kaiser Wilhelm II. an das deutsche Volk:

Mitten im Frieden überfällt uns der Feind. Drum auf! Zu den Waffen! Jedes Schwanken, jedes Zögern wäre Verrat am Vaterland. Um Sein oder Nichtsein unseres Reiches handelt es sich. Um Sein oder Nichtsein deutscher Macht und deutschen Wesens. Wir werden uns wehren bis zum letzten Hauch von Mann und Ross. Und wir werden diesen Kampf bestehen, auch gegen eine Welt von Feinden. Vorwärts mit Gott!

(1914)

Alfred Nobel, schwedischer Forscher:

*Ich möchte einen Stoff oder eine Maschine schaffen können von so fürchterlicher, massenhaft verheerender Wirkung, dass dadurch Kriege überhaupt unmöglich würden.
An dem Tag, an dem zwei Armeekorps sich gegenseitig in einer Sekunde werden vernichten können, werden wohl alle zivilisierten Nationen zurückschaudern und ihre Truppen zurückziehen*

Bertha von Suttner in einem Vortrag:

Wer setzt die Rüstungsschraube in Bewegung? Sind es die Völker? Mitnichten! Der Anstoß kommt aus dem Kriegsministerium, mit der Begründung, dass andere Kriegsministerien vorgegangen sind und man vom Feind umgeben ist. Dies schafft eine Atmosphäre von Angst. Was solche Kriegsparteien äußern, wird von den Parteien der anderen Länder als die Willensmeinung der ganzen Nation ausgegeben.

Aus der Kölnischen Zeitung:

Die Stadtverordneten beschlossen, für eine solche undeutsche Kundgebung, geplant war eine Protestveranstaltung gegen Krieg und Österreich-Ungarn, keinen städtischen Platz zu stellen.

Hugo Haase, Abgeordneter der SPD:

Aber es gilt, die Kultur und Unabhängigkeit unseres Landes sicherzustellen. In der Stunde der Gefahr lassen wir das eigene Vaterland nicht im Stich.

- Welche Aussage passt zu welcher Jahreszahl? Erläutere die Aussagen, schreibe die Jahreszahlen in die Kreise und begründe deine Antwort. (1876) (1909) (1911) (1914)

- Vergleiche im Besonderen die Aussagen der SPD-Politiker.

- Warum spielten die warnenden Worte 1914 anscheinend keine Rolle mehr?

Der Erste Weltkrieg

Die folgenden Fakten sind für den Ausbruch des Ersten Weltkrieges bedeutsam:

1912/13	Balkankriege – Aufteilung des europäischen Teils der Türkei – Serbien vergrößert sein Reichsgebiet – strebt nach einem Zugang zur Adria – Österreich-Ungarn sieht sein Reichsgebiet bedroht – Deutsches Reich als Bündnispartner Österreich-Ungarns – Russland unterstützt Serbien.
28. 6. 1914	Attentat von Sarajewo – der österreichische Thronfolger Erzherzog Franz Ferdinand und seine Gemahlin werden bei einem Besuch in Sarajewo von serbischen Attentätern erschossen.

Anfang Juli 1914	Österreich verlangt Genugtuung;	*Mit den Serben muss aufgeräumt werden;*
6. Juli 1914	Deutschland steht zu seiner Bündnistreue;	*Deutschland steht im Einklang mit seinen Bündnisverpflichtungen;*
23. Juli 1914	Österreichisch-ungarisches Ultimatum an Serbien;	*Unnachsichtige Verfolgung der Täter unter Beteiligung österr. Regierungsstellen;*
25. Juli 1914	Serbische Mobilmachung; russisches Hilfsversprechen an Serbien;	
28. Juli 1914	Österreich-Ungarn erklärt Serbien den Krieg;	*Russland hat die Mobilmachung seiner ganzen Armee und Flotte verfügt;*
30. Juli 1914	Mobilmachung in Russland;	*Französische Regierung fragen, ob sie neutral bleiben will;*
31. Juli 1914	Deutschland bittet Frankreich um Neutralität;	
1. August – 16:00 Uhr	Französische Mobilmachung; Deutsche Mobilmachung; Deutschland erklärt Russland den Krieg;	*Das deutsche Heer und die kaiserliche Marine sind nach Maßgabe des Mobilmachungsplanes kriegsbereit aufzustellen;*
1. August – 17:00 Uhr		
1. August – 19:00 Uhr		
3. August 1914		
4. August 1914	Kriegserklärung Deutschlands an Frankreich; Einmarsch in Belgien;	*Es ist der belgischen Regierung mitzuteilen, dass wir durch ihr ablehnendes Verhalten gezwungen sind, mit Waffen unsere Sicherheitsmaßregeln durchzusetzen.*
5. August 1914	England erklärt Deutschland den Krieg; Österreich-Ungarn erklärt Russland den Krieg.	
6. August 1914		

- Ordne die Jahreszahl dem entsprechenden Ereignis zu.
- Zu welchen Ereignissen passen die Textstellen?
- Welche in den Texten nicht direkt genannten Fakten sind als Ursachen für den Kriegsausbruch bedeutsam?
- Erstelle eine Wegskizze: „So kam es zum Ersten Weltkrieg!"

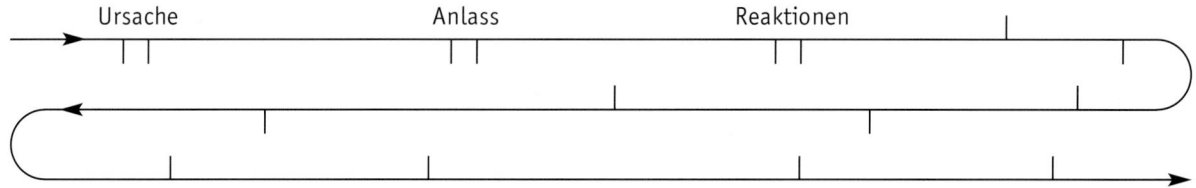

Der Erste Weltkrieg

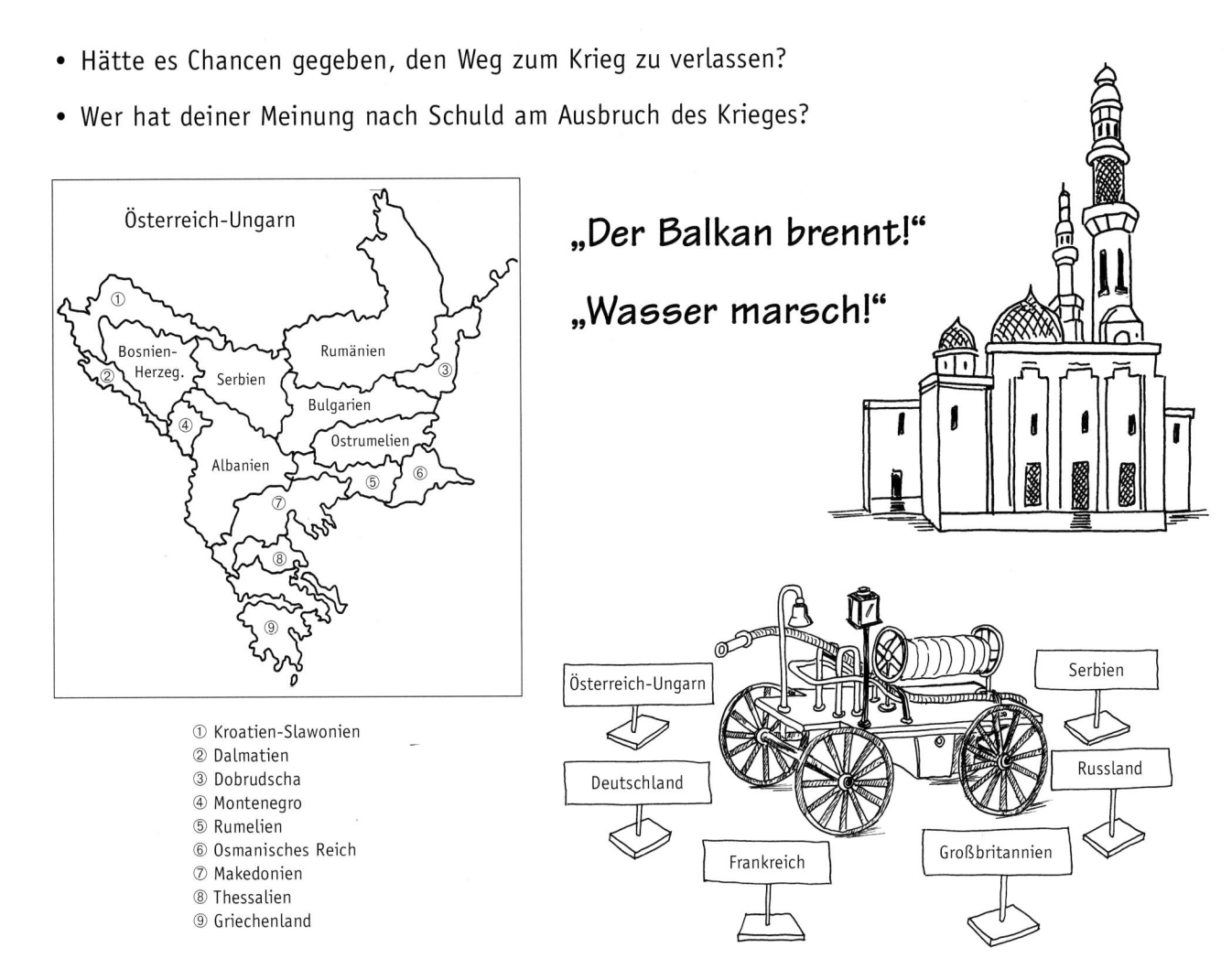

- Hätte es Chancen gegeben, den Weg zum Krieg zu verlassen?
- Wer hat deiner Meinung nach Schuld am Ausbruch des Krieges?

Karte Österreich-Ungarn und Balkan:
① Kroatien-Slawonien
② Dalmatien
③ Dobrudscha
④ Montenegro
⑤ Rumelien
⑥ Osmanisches Reich
⑦ Makedonien
⑧ Thessalien
⑨ Griechenland

„Der Balkan brennt!"

„Wasser marsch!"

(Darstellung: Feuerwehrspritze mit Schildern – Österreich-Ungarn, Deutschland, Frankreich, Großbritannien, Serbien, Russland)

- Beschreibe die Darstellung und versuche eine Deutung.

Kaiser Wilhelm II.:

Vor Gott und der Geschichte ist mein Gewissen rein! Ich habe den Krieg nicht gewollt!

Aus einem Schreiben der deutschen Reichsleitung 1918:

Zur Sicherung des Friedens und zur Wiederherstellung des Vertrauens der Völker scheint es geboten, die Vorgänge, die zum Krieg geführt haben, bei allen Krieg führenden Staaten aufzuklären.

Im Friedensvertrag nach dem Krieg:

Deutschland erkennt an, dass es und seine Verbündeten als Urheber aller Verluste und Schäden verantwortlich sind, welche die verbündeten Regierungen infolge des ihnen durch den Angriff aufgezwungenen Krieges erlitten haben.

Aus dem Antwortschreiben 1919:

Die Verantwortlichkeit Deutschlands für den Krieg ist längst unzweifelhaft festgestellt.

- Interpretiere die Aussagen zur Kriegsschuldfrage. Welche verschiedenen Standpunkte gibt es?
- Suche (z. B. im Internet) Aussagen von bekannten Historikern und vergleiche.

Der Erste Weltkrieg

❷ Der Verlauf des Krieges

- Trage die am Krieg beteiligten Staaten in die Landkarte ein. Benutze zur Kennzeichnung der Mittelmächte, der Alliierten und der neutralen Staaten jeweils verschiedene Farben.

Stationen im Ersten Weltkrieg

1914: Schlieffenplan; Schlacht in Frankreich; Stellungskrieg im Westen
1915: Stellungskrieg im Osten; Materialschlachten im Westen; Seeblockade Englands
1917: uneingeschränkter U-Boot-Krieg; Kriegseintritt der USA; Russische Revolution
1918: Wilson-Plan; Waffenstillstand

- Suche zu den einzelnen Stationen des Ersten Weltkrieges nähere Informationen.
- Verdeutliche den Verlauf des Krieges durch Einträge in die Karte.
- Ist die Bezeichnung **Weltkrieg** gerechtfertigt?
- Der Erste Weltkrieg wird auch als **Urkatastrophe des 20. Jahrhunderts** bezeichnet. Erkläre.
- Arbeite eine der Fragestellungen ausführlich aus, sodass du sie in der Klasse vortragen kannst.

Der Erste Weltkrieg

❸ Der Krieg aus Sicht der Soldaten

> *Abends marschierte das stolze Regiment mit klingendem Spiel und strammen Schritt aus der Garnison zur Verladung. Zu Tausenden zog die Bevölkerung mit. Der Zug setzte sich in Bewegung. Die Truppe sang Lied auf Lied, bei jedem Halt wurde sie mit Schokolade, Obst und Brötchen überschüttet.*

Sämtliche Militärzüge sind mit Zeichnungen und Sprüchen geschmückt:

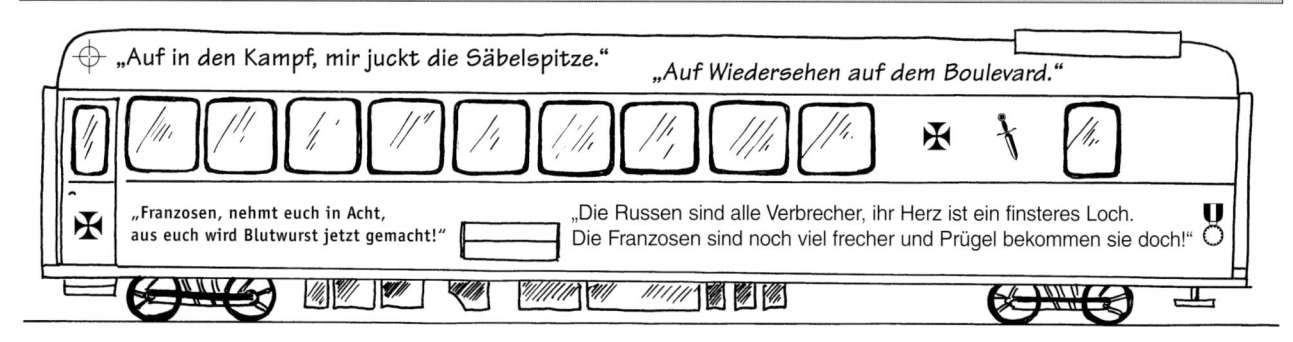

„Auf in den Kampf, mir juckt die Säbelspitze."

„Auf Wiedersehen auf dem Boulevard."

„Franzosen, nehmt euch in Acht, aus euch wird Blutwurst jetzt gemacht!"

„Die Russen sind alle Verbrecher, ihr Herz ist ein finsteres Loch. Die Franzosen sind noch viel frecher und Prügel bekommen sie doch!"

Die Schlacht um Verdun war die blutigste und erbittertste Schlacht des Ersten Weltkrieges. In den ersten 3 Monaten, vom 21. Februar bis zum 21. Mai 1916 verloren die deutschen Angriffsregimenter 174 215 Mann, die französischen Verteidiger 190 000 Soldaten. Auf beiden Seiten wurden mehr als 20 000 000 Granaten und Minen verschossen, das sind mehr als 240 000 Einschläge am Tag oder 10 000 Schuss in der Stunde.

> *Tagelang haben wir vorne im Einsatz gehungert. Aber schlimmer als der Hunger ist der Durst. Gegen den quälenden Hunger kann man zur Not ankämpfen. Dir vergeht jede Lust am Essen, wenn du die aufgeblähten Leichen siehst. Wegschauen ist unmöglich, sie liegen überall. In den Laufgräben liegen sie und du merkst es erst, wenn du auf etwas Weiches, Schwammiges trittst. Erschrocken ziehst du den Fuß zurück, um einige Schritte weiter auf den Nächsten zu treten, der unter der dünnen Schlammschicht liegt.*

Der Lingekopf, am Rande der Vogesen, ein Gebirgsvorsprung von nur 500 m Länge, felsig und bewaldet, strategisch unbedeutend. Im Juni 1915 ist er in der Hand der Deutschen und als fest ausgebaute Stellung mit Schützengräben, Stacheldraht, Tunnel und Unterständen gesichert.
Am 20. Juli greifen die Franzosen den Lingekopf an, der Angriff wird zurückgeschlagen, weitere Angriffe am 22. und 26. Juli ebenso. Am 29. Juli können die französischen Streitkräfte leichte Geländegewinne verbuchen, ohne jedoch die Deutschen vom Kamm des Lingekopfes zu vertreiben. Teilweise liegen die Soldaten nur 5–8 m auseinander. In Feuerpausen, wo Verwundete versorgt oder Tote geborgen werden können, tauschen die Gegner manchmal sogar Getränke oder unterhalten sich. Wenige Minuten später sind sie wieder erbitterte Feinde, die auf Befehl gegen die gegnerischen Stellungen anstürmen.
Beim Gegenangriff am 4. August prasseln innerhalb von 60 Minuten 40 000 Granaten auf einen 200 m breiten Geländestreifen nieder. Am 7. August erobern die Deutschen das am 29. Juli verlorene Terrain zurück. Am 22. und 25. August starten die Franzosen erfolglose Angriffe, am 31. August setzen die Deutschen Giftgas ein.

Der Erste Weltkrieg

Es verbreitet sich ein Geruch von Knoblauch und Äther, der bald zu einer wabernden, am Boden hinkriechenden Wolke wird. In den Gräben und Unterständen werden die Soldaten von Schwindel und Übelkeit befallen. Die tödliche Wolke bleibt stundenlang stehen. Trotzdem gelingt es den Franzosen, alle Angriffe abzuwehren.

Am 9. September unternehmen die Deutschen einen weiteren Großangriff, diesmal mit Flammenwerfern. Entsetzt blicken die französischen Soldaten in das Flammenmeer, das ihre Gräben erfasst und weichen zurück, um im Schutz der Nacht die verlorenen Stellungen wieder zu besetzen ...

- Welche Stimmung kommt in den verschiedenen Texten zum Ausdruck?
- Erkläre die anfängliche Kriegseuphorie.
- Beschreibe die Situation der einfachen Soldaten an der Front.
- Die Schlacht am Lingekopf steht beispielhaft für viele Kriegshandlungen. Erkläre.
- Was bedeutet in diesem Zusammenhang **Stellungskrieg** und **Materialschlacht**?

TIPP Versetze dich in die Lage eines Soldaten, der in seiner Stellung 5 m vom Feind entfernt liegt. Woran wird er denken? Was fühlt er? Wovor hat er Angst? Was macht er in einer Feuerpause? Wie verhält er sich dem Gegner gegenüber?
Schreibe als Tagebucheintrag!

Kriegspropaganda

„So sieht verfluchtes German aus,
es fasst euch an ein kaltes Graus.
Von Kopf bis Fuß mit Blut beschmiert,
mit spitzen Zähnen ausstaffiert.
So rückt er aus, oh große Not,
und sticht und trampelt alles tot!"

„Wer es satt hat, für den Hohenzollern als Kugelfang zu dienen, während die seinen zu Hause ausgesogen werden bis ans Mark, der komme zu uns herüber. Gebt euch als Genossen zu erkennen, indem ihr das Wort **Republik** sagt!"

Der Michel ging in Würd' und Ehr'
in seinem Garten hin und her
und pflanzt und goss und war erfreut,
wenn wohl gedieh, was er betreut.

Da kam der Nikolaus gerannt
mit seiner Schnapsflasch' in der Hand.
Der Franzmann zögert auch nicht lang
und grölte den Revanchegesang.

Auch Mister Grey war gleich dabei
und glaubte, dass dies nützlich sei.
Die dreie hassten Michel sehr,
weil sie so fleißig nicht wie er
und weil von ihren Gärten keiner,
nur halb so gut wie Michel seiner.
Sie wollten ihn zuerst verkeilen,
und unter sich den Garten teilen.

Sind wir die Barbaren?

Deutsches Reich:
2 Analphabeten auf 10 000 Rekruten
878 Mio. Mark für Schulwesen
34 800 Büchererzeugung
14 Nobelpreise
7194 Patente

Frankreich:
320 Analphabeten auf 10 000 Rekruten
261 Mio. Mark für Schulwesen
9 600 Büchererzeugung
3 Nobelpreise
1196 Patente

Der Erste Weltkrieg

- Erläutere die einzelnen Berichte.
- Welche Wirkung sollen sie beim Leser oder Hörer erzielen?
- Warum ist Propaganda ein Mittel der Kriegsführung?
- Auch heute gibt es auf der Erde viele Konfliktherde. Suche in der Zeitung oder im Internet nach entsprechender Propaganda.

4 Alltag im Ersten Weltkrieg

Der Weltkrieg im Kleinen

Wir tragen unser Schießgewehr,
wie richtige Soldaten.
Weithin schallt unser Kriegsgeschrei
und kündet unsere Taten.
Die Mädchen aber müssen stricken
und den Soldaten Strümpfe schicken.

Das Schützengrabenspiel

Inhalt:
24 Aufstellteile mit Füßen wie Sandsack, Drahtverhaue, Unterstände, Blockhaus;
20 Soldaten mit 100 Patronen,
2 Kanonen mit 50 Patronen.

Komplett im Kasten: 2 Reichsmark

- Zeichne zu der Postkarte und dem Spieldeckel jeweils ein passendes Bild.
- Welchen Zweck erfüllen Postkarte und Spiel?

Thema im Handarbeitsunterricht:

*Es wurden gestrickt, gehäkelt, genäht:
200 Paar Socken, 60 Bettgurte, 40 gestrickte Waschlappen, 49 gehäkelte Lappen, 37 Schaals, 56 Paar Müffchen, 20 Halsbinden, 12 gestrickte Decken;
außerdem 106 Pakete mit wollnen Sachen, Esspakete, Rauchwaren ...*

Aufruf an alle Schulen

Sammelt Knochen!

Aus den Knochen lässt sich Knochenfett gewinnen, aus dem Öle und Fette für technische Betriebe, aber auch ein völlig einwandfreies, genussfähiges Speisefett, sowie Suppenwürze und Knochenextrakt, hergestellt werden kann.

- Beschreibe die beiden Beispiele für Schularbeit im Kriegsalltag.
- Welche Bedeutung kommt den jeweils geforderten Tätigkeiten zu?
- Welche Rückschlüsse lassen sich über die Situation der Bevölkerung ziehen?
- Gibt es heute in Schulen bei besonderen Anlässen ebenfalls Aktionen? Finde Beispiele.

Der Erste Weltkrieg

Auszüge aus einem Tagebuch:

Sonntag, 29. 08. 1915, heute habe ich endlich Zeit, wieder etwas in mein Tagebuch zu schreiben. Seit 3 Wochen arbeite ich an einer 150-t-Ziehpresse einer Munitionsfabrik. In dieser Woche musste ich erstmals Nachtarbeit und Überstunden auf mich nehmen. Auch der Arbeitsschutz wird nicht mehr so ernst genommen, wie vorher. Außerdem fehlt es an entsprechender Schutz- und Arbeitskleidung. Die enorme Enge im Maschinenraum erhöht die Unfallgefahr. Aber das interessiert keinen, Hauptsache die Munitionszahlen stimmen ...

Montag, 25. 03. 1917, wieder einmal keine Möglichkeit, Kartoffeln zu bekommen, dafür habe ich etwas Mehl erhalten. Drei Stunden habe ich angestanden. Zum Glück war es nicht so kalt. Seit 5 Wochen habe ich kein Gramm Fett mehr erhalten. Alles geht an die Front – wenn es den Soldaten hilft, soll es ja gut so sein. Also werde ich wieder Steckrüben machen, jeden Tag. Wenn mir das mal einer gesagt hätte, dass ich über Futterrüben glücklich wäre ...

Dienstag, 25. 04. 1916, heute tröste ich die Nachbarin, Anna Müller. Sie ist am Boden zerstört. Kurz vor dem Osterurlaub ist ihr Mann an der Front bei Verdun gefallen. Sein Tod war schmerzlos, eine Granate hat ihn in die Luft geworfen und er war sofort tot. Sie haben ihn auf dem Feld beerdigt und ein Holzkreuz für ihn aufgestellt. Diese Nachricht bekam sie heute morgen. Verflucht ist der Heldentod zu Ehren des deutschen Vaterlandes. Wenn ich an meinen Heinz denke, dann ...

Freitag, 16. 11. 1917, die Schlangen vor den Lebensmittelläden werden immer länger. Kein Mensch interessiert sich mehr für die Nachrichten von der Front, die regelmäßig angeschlagen werden. In Hamburg sollen die Menschen ins Rathaus eingedrungen sein. Wir wollen keine Steckrüben mehr, wir haben Hunger. Es ist genug da, aber alles ist so teuer und nur noch schwarz zu bekommen. Pioniere vom Ersatzbataillon stellten die Ruhe wieder her – Soldaten gegen das eigene Volk! Einer belauert den anderen, dass ja keiner mehr bekommt ...

- Erläutere die vier Tagebuchaufzeichnungen.
- Wie wird die Lage in Deutschland geschildert?
- Im Ersten Weltkrieg spricht man von der **Heimatfront**. Erkläre.
- Stelle zusammen, welche Probleme die Menschen in der Heimat hatten.

Der wöchentliche Pro-Kopf-Verbrauch eines Erwachsenen 1916:
3,5 kg Kartoffeln, 200 g Brot, 175 g Fleisch, 70 g Fett, 200 g Zucker, 270 g Kunsthonig, 120 g Fisch. Lege diese Menge auf den Tisch und überlege, wie lange du davon satt wärest und was man kochen könnte.

Forsche nach den Folgen des Ersten Weltkrieges in deinem Heimatort. Suche nach Gedenkstätten und Gedenktafeln. Zähle die Anzahl der Gefallenen und suche nach besonders betroffenen Familien. Vielleicht kannst du sogar noch Zeitzeugen finden. Versuche eine Befragung.

Der Erste Weltkrieg

❺ Das Ende des Krieges

Die folgenden, sinngemäß wiedergegebenen, Aussagen charakterisieren die letzten Kriegstage im Deutschen Reich.

General Ludendorff vor Offizieren (01. 10.):
Die OHL und das Heer sind am Ende. Die Niederlage steht unmittelbar bevor. Der Krieg ist nicht mehr zu gewinnen.

Zeitungsberichte (05. – 08. 11.):
In Kiel kam es am gestrigen Sonntag zu Unruhen. Die Revolution ist auf dem Marsch. Von Kiel aus gesehen wird eine Bewegung über ganz Deutschland in Gang gesetzt. Es sind 150 000 oder 200 000 Personen, die sich in München eingefunden haben, der Eindruck ist überwältigend.

General Ludendorff (01. 10.):
Wir brauchen eine Regierung auf parlamentarischer Grundlage. Die neuen Herren in den Ministerien sollen den Frieden schließen, der geschlossen werden muss. Die sollen die Suppe jetzt essen, die sie uns eingebrockt haben.

Friedrich Ebert (09. 11.):
Die neue Regierung wird eine Volksregierung sein. Sie will dem deutschen Volk den Frieden schnellstens bringen und seine Freiheit festigen. Verlasst die Straßen und sorgt für Ruhe und Ordnung!

Zeitungsschlagzeile (09. 11.):
Der Kaiser hat abgedankt!
Seine Majestät der Kaiser und König haben sich entschlossen, dem Throne zu entsagen.

Telegramm an den Reichskanzler (03.10.):
Es ist geboten, den Kampf abzubrechen, um dem deutschen Volk nutzlose Opfer zu ersparen. Jeder versäumte Tag kostet tausenden von tapferen Soldaten das Leben.

Kaiser Wilhelm II. (08. 11.):
Seine Majestät hat es abgelehnt, auf die Vorschläge in der Thronfolge einzugehen. Er hält es für seine Pflicht auf seinem Posten zu bleiben.

Anweisung an die Flotte: (24. 10.):
Die Hochseeflotte läuft zum Angriff Richtung Themsemündung aus, um die englische Flotte herauszufordern und das Heer zu entlasten.

Aus einem Geheimpapier (25. 10.):
Das Auslaufen der Marine ist aus moralischen Gesichtspunkten, Ehren- und Existenzfrage, im letzten Kampf ihr Äußerstes gegeben zu haben.

Friedrich Ebert (01. 12.):
Das deutsche Volk hat auf der ganzen Linie gesiegt. Das alte Morsche ist zusammengebrochen, der Militarismus ist erledigt. Die Revolution wird keine neue Diktatur, keine Knechtschaft über Deutschland bringen. Die Demokratie bedeutet politische Freiheit auf der Grundlage einer Verfassung und des Rechts.

Ein Deckoffizier (30. 10.):
Eine Sache ist zu Ende, in dem Augenblick sterben wir nicht mehr, sondern gehen heim zu Frau und Kindern.

Aus einem Flugblatt (09. 11.):
Die Entscheidung ist da. Wir fordern nicht die Abdankung einer Person, sondern die Republik. Heraus aus den Betrieben und den Kasernen.

Der Erste Weltkrieg

Plakat der USPD (05. 12.):
Die Ketten der politischen Unterdrückung sind zerbrochen, die Fesseln wirtschaftlicher Ausbeutung sind gelockert. Werkmeister der Umwälzung sind die Soldaten und Arbeiter. Nur in den Arbeiter- und Soldatenräten liegt die Kraft für politische Gewalt. Wir müssen alle Kräfte zusammenfassen, um die deutsche Republik mit sozialistischem Inhalt zu füllen, um jede Art von Klassenherrschaft zu beseitigen. Es lebe der Aufbau der sozialistischen Gesellschaft.

- Bringe die einzelnen Ereignisse stichpunktartig in die richtige Reihenfolge.
- Ordne diese nach **Heeresleitung – politischer Führung – Volk**.
- Beschreibe und erkläre die gegenseitige Abhängigkeit der Ereignisse.
- Bewerte die Rolle der Obersten Heeresleitung in diesem Prozess.
- Welche Hauptziele verfolgte das Volk?
- Welche Zielvorstellungen hat die USPD vom künftigen Deutschland?

MERKE

Anlass des Ersten Weltkrieges von .... bis .... war die .... des österreichischen .... Durch die bestehenden Bündnisse und die Kriegserklärungen an .... und .... musste das Deutsche Reich einen .... führen.

Im Westen und Osten kam es zum .... und zu ....

Mit dem Kriegseintritt der USA im Jahre .... wurden die Mittelmächte zurückgedrängt. Im Oktober 1918 kam es zur Kapitulation des Deutschen Reiches. Der Krieg brachte für die Bevölkerung .... , ... und .... Die Menschen sehnten sich nach .... und einer ....

- Fülle das Schaubild aus, indem du die Meinungen der Menschen zum Ersten Weltkrieg einträgst. Unterscheide die Ansichten 1914 und 1918.

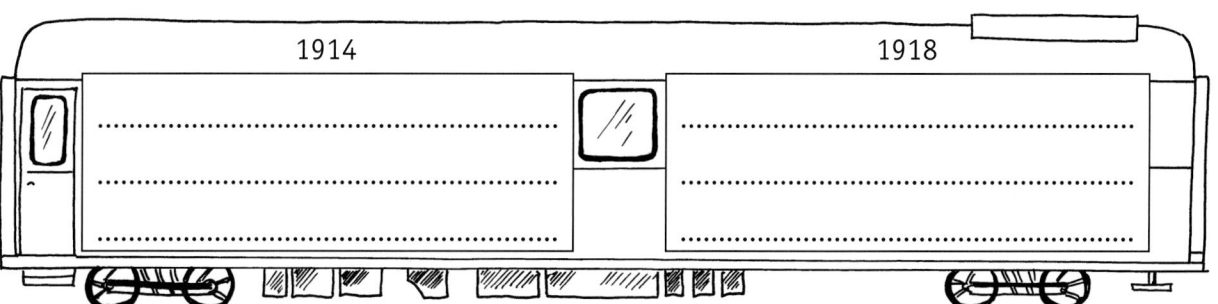

2 Die Krisenjahre der Weimarer Republik

❶ Der Versailler Vertrag

Nach der Kapitulation des Deutschen Reiches galt es, den „ruhenden Krieg" endgültig zu beenden und einen Friedensvertrag abzuschließen. Dabei hatten die alliierten Siegermächte und das besiegte Deutschland unterschiedliche Vorstellungen von einem gerechten Friedensvertrag. Notiere.

Forderungen der Siegermächte	Hoffnungen der Besiegten
....	....
....	....
....	....
....	....
....	....

Vertrag von Versailles (Stichpunkte aus den 440 Artikeln)	
– Elsass-Lothringen an Frankreich – Eupen-Malmedy an Belgien – Posen und Westpreußen an Polen – Abrüstung des Heeres auf 100 000 Mann – Memelland an Litauen – Saargebiet unter französischer Besatzung – Abschaffung der allgemeinen Wehrpflicht – Reparationsleistungen	– Verlust aller Kolonien – Verbot von schweren Waffen – Oberschlesien an Polen – Verbot von U-Booten – Abstimmung in Schleswig – Kriegsschuldklausel – Demontage von Fabriken – Entmilitarisiertes Rheinland

Kriegsschuldklausel: *(Art. 231)*	Deutschland und seine Verbündeten sind für alle Schäden verantwortlich, „die die alliierten und assoziierten Regierungen und ihre Staatsangehörigen infolge des Krieges, der ihnen durch den Angriff Deutschlands und seiner Verbündeten aufgezwungen wurde, erlitten haben."
Aus der Anlage IV *zum Vertrag:*	Deutschland sagt zu, binnen 3 Monaten folgende Mengen an lebenden Tieren zu liefern: 500 Zuchthengste, 90 000 Milchkühe, 30 000 Stuten, 2 000 Stiere, 100 000 Schafe, 10 000 Ziegen, …
Aus der Anlage V *zum Vertrag:*	Deutschland liefert 10 Jahre lang an Frankreich 7 Mio. Tonnen, an Belgien 8 Mio. Tonnen Kohlen.

Die Krisenjahre der Weimarer Republik

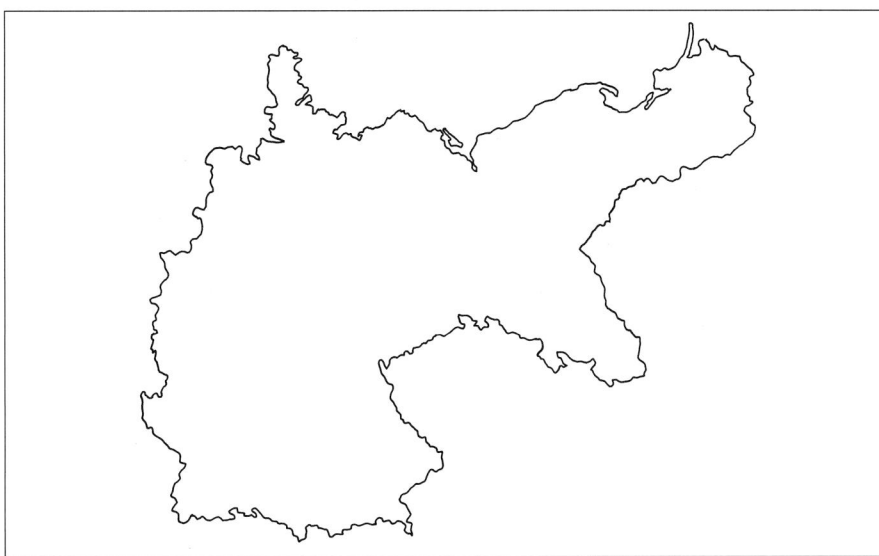

- Trage die Gebietsverluste in die Landkarte ein.
- Ordne die Bestimmungen des Versailler Vertrages nach Oberbegriffen (geografisch, wirtschaftlich, ...).
- Welche dieser Bestimmungen waren für das deutsche Volk besonders hart?

Reaktionen auf den Versailler Vertrag

Die Auseinandersetzung über den Vertragsentwurf wurde im gesamten Volk, in der Presse und in der Politik mit hoher Leidenschaft geführt. Befürworter und Gegner gab es in jeder Partei, in jeder gesellschaftlichen Gruppe.

- Notiere Argumente, die für bzw. gegen die Annahme des Vertrages sprechen. (Benutze dazu die Vertragsstichpunkte von **AB 11**. Suche auch zusätzliche Argumente z.B. durch Nachschlagen des Vertrages im Internet.)

pro	contra
....	....
....	....
....	....
....	....
....	....

Philipp Scheidemann (SPD) 1919 vor der Nationalversammlung:

Würde dieser Vertrag unterschrieben, so würde nicht nur die Leiche Deutschlands auf dem Schlachtfeld liegen bleiben, sondern daneben würden ebenso edle Leichen liegen wie das Selbstbestimmungsrecht der Völker, die Unabhängigkeit der Nation, der Glaube an all die schönen Ideale.

Die Krisenjahre der Weimarer Republik

Abgeordnete bei der Aussprache über den Vertrag:

*Die Ablehnung wäre keine Abwendung des Vertrages. Ein **Nein** wäre nur ein kurzes Hinausschieben des **Ja**. Unsere Widerstandskraft ist gebrochen, ein Mittel der Abwendung gibt es nicht mehr.*

Der Entschluss, der neuen Regierung beizutreten war unendlich schwer. Die erste und schwerste Aufgabe muss es sein, den unrechten Frieden abzuschließen. Wir dürfen unsere Mitarbeit nicht versagen, wollen wir nicht Deutschland einem chaotischen Zustand überlassen, aus dem es keine Rettung gibt.

Ich stelle fest, dass von verschiedenen Seiten des Hauses anerkannt wurde, dass alle Parteien, egal ob sie mit Ja oder Nein gestimmt haben, sich nur aus vaterländischen Gründen haben leiten lassen.

Aufruf der Gewerkschaften:

Wir fordern zum einmütigen Protest gegen den Vertrag auf. Wir fordern, dass der Vertrag mit seinen unerfüllbaren Forderungen und seinen, die Existenz des gesamten Volkes bedrohenden Lasten, einer Revision unterzogen wird.

Deutschland muss die Lebensfähigkeit wiedergegeben werden.

- Erläutere die verschiedenen Meinungen zum Vertrag.
- Welche Gründe werden für bzw. gegen den Vertrag sichtbar?
- Ergänze diese Meinungen in der vorherigen Tabelle.
- Bei der Abstimmung wird eine wichtige Gemeinsamkeit erkennbar. Erkläre.

Im November 1919 sprach Paul von Hindenburg bei der Untersuchung der Ursachen des Zusammenbruchs erstmals von der sogenannten **Dolchstoßlegende**.

- Erkläre die Bedeutung der Dolchstoßlegende.
- Welche politischen Kräfte werden sich diese Legende zunutze machen?
- Vergleiche mit der Gemeinsamkeit bei der Abstimmung über den Vertrag.

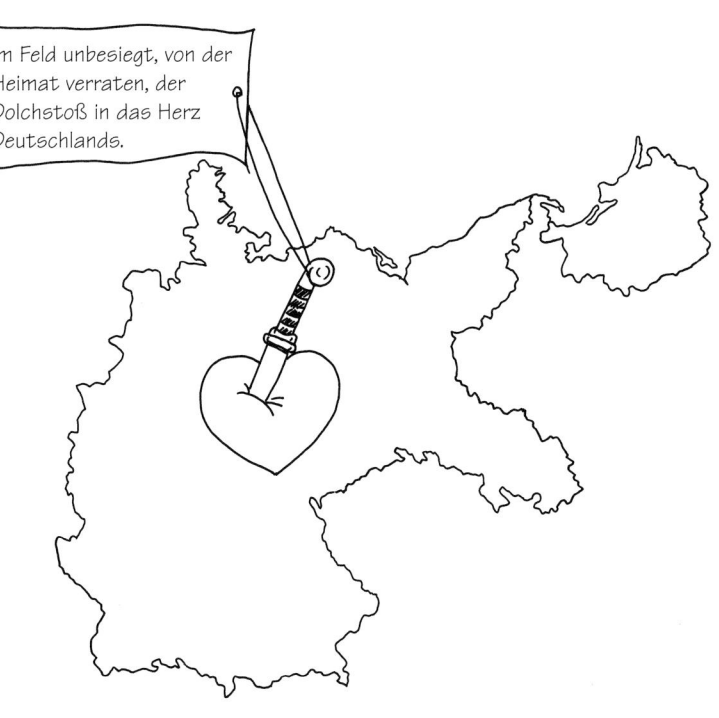

Die Krisenjahre der Weimarer Republik

❷ Die Aufstände gegen die Republik

Reichsminister Rathenau ermordet
Organisierte Verschwörung gegen den Staat – wer schützt das deutsche Volk?

354 politische Morde durch Rechtsradikale
- 326 bleiben ungesühnt
- 24 Verurteilungen
- 4 Monate (Dauer der Einsperrung pro Mord)

22 politische Morde durch Linke
- 4 bleiben ungesühnt
- 38 Verurteilungen
- 15 Jahre (Dauer der Einsperrung pro Mord)

Beratung im Reichswehrministerium:
Die Forderung der Regierung an die Berliner Truppen, gegen die Marinebrigade zu kämpfen, muss fallen gelassen werden. Reichswehr schießt nicht auf Reichswehr!

Der Dichter Kurt Tucholsky schrieb (sinngemäß):
... *der Kapp-Putsch ist beinahe schon ganz vergessen, doch keiner bis zu dieser Frist hat im Gefängnis gesessen.*
Staatsanwalt und Reichsgericht, sie finden sonst die Beute, nur diesmal klappt es leider nicht, wie machen das die Leute?

Proklamation an das deutsche Volk
Die Regierung der Novemberverbrecher in Berlin ist heute für abgesetzt erklärt worden!
Eine provisorische deutsche Nationalregierung ist gebildet aus:
General Ludendorff – Adolf Hitler
General von Lossow – Oberst von Seisser

Der neue Reichskanzler – Wolfgang Kapp –
Regierung in Berlin für abgesetzt erklärt. Marinebrigade auf dem Weg nach Berlin!

Einsatz der bayerischen Polizei
Am 23. November 1923 wurden wir zur Abwehr einer Hitler-Truppe eingesetzt. Nach kurzem Feuergefecht ergriffen die Hitler-Truppen die regelrechte Flucht.

Gegen Widerstand hilft nur die Waffe
... im Ruhrgebiet bildete sich eine Rote Armee, die sich für ein Deutschland der Arbeiter- und Soldatenräte einsetzte. Nachdem Banden der Roten begannen, mit Plünderungen und Terror die Bevölkerung zu drangsalieren, gab die Regierung den Befehl, den Widerstand mit Waffengewalt zu brechen.

- Fasse die einzelnen Ereignisse zusammen.
- Ordne die Aufstände nach rechter bzw. linker (polit.) Zielsetzung und beschreibe die jeweilige Reaktion.
- Bewerte die Reaktion auf die geschilderten Aufstände.
- Wird das demokratische Prinzip der Rechtsstaatlichkeit gewährleistet?
- Welche Einstellung der Menschen zur Republik wird sichtbar?

TIPP Suche einen der Aufstände heraus und beschreibe seine Ursache, den Verlauf und das Ergebnis in Form einer Reportage. Informiere dich dazu im Geschichtsbuch oder im Internet.

Bd. 324. Winfried Röser: Geschichte 4 – Vom Ersten Weltkrieg bis zur Entstehung der Bundesrepublik und der DDR
© Persen Verlag GmbH, Buxtehude

Die Krisenjahre der Weimarer Republik

❸ Die Inflation

Kannst du dir vorstellen, dass man von Geld erschlagen werden kann?
Kannst du dir vorstellen, dass man als Millionär verzweifelte Geldsorgen hat?

- Begründe deine Meinung.
- Beschreibe die Karrikatur.

Ein Bankangestellter 1923:

War das heute wieder ein Tag. Gegen Mittag kam die Lieferung des neu gedruckten Papiergeldes. 20 Wäschekörbe voll mit Inflationsgeld mussten in die Bank geschleppt werden. War das eine Schinderei. Ich wusste gar nicht, wie schwer Papiergeld sein kann. Keiner machte sich mehr die Mühe, das Geld in den Tresor zu legen.

Ein Arbeiter:

Heute war Zahltag. Der Chef kam mit einem prall gefüllten Aktenkoffer ins Zimmer. In Reih und Glied standen wir da. Jeder bekam ein riesiges, mit Schnüren zusammengehaltenes Paket Geld. 800 Millionen sollten es sein, aber keiner zählte nach. Jeder beeilte sich, ins nächste Geschäft zu gelangen, um für das Geld sofort was zum Beißen zu kaufen.

Hilfe – ich bin pleite

Ich habe mein Leben lang geschuftet. 1914 hatte ich 40 000 Reichsmark auf der Bank zur Altersvorsorge. Heute, im August 1923, bekomme ich für mein Geld ein Brot, welches 69 000 Reichsmark kostet.

Miete bezahlt

Meine Frau hat aus dem Dorf 3 Eier mitgebracht. Diese gab ich dem Vermieter, als er nach der Miete klingelte. „Hervorragend, pünktlich und vollständig bezahlt für den Monat", sagte er.

Endlich schuldenfrei

Bei der Reichsbank hatte ich 2,5 Mio. RM Schulden. Heute zahlte ein Großkunde mit einer ganzen Kiste voll Geld. Damit bin ich sofort zur Bank gelaufen und bin meine Schulden los.

- Erkläre und diskutiere die 5 Fallbeispiele.
- Ordne und erläutere positive und negative Folgen der Inflation.
- Erläutere den Zusammenhang der 5 Beispiele mit der Ausgangskarikatur.
- Fertige eine Gegenüberstellung an und notiere: negative bzw. positive Ergebnisse der Inflation von 1923. Siehe dazu in anderen Geschichtsbüchern oder im Internet nach.
- Auch heute wird immer wieder vor einer Inflation gewarnt. Erkläre.
- Suche die Teuerungsraten der letzten Monate heraus und untersuche, ob zur Zeit die Gefahr einer Inflation besteht.

Die Krisenjahre der Weimarer Republik

❹ Die Besetzung des Ruhrgebietes

Familie Kops beim Abendbrot: Vater und Mutter. Sohn Bernd hört zu.

Vater: Morgen wird es im Betrieb rund gehen. Wir können uns doch nicht alles gefallen lassen.
Mutter: Meinst du die Besetzung unserer schönen Stadt Essen durch die Franzosen? Heute sind sogar Panzer durch unser Arbeiterviertel gefahren.
Vater: Genau, stell dir vor: Morgen sollen uns Franzosen bei der Arbeit kontrollieren. Man munkelt, sie sollen Lastwagen beschlagnahmen, um damit Kohlen nach Frankreich transportieren zu können.
Mutter: Was soll das? Du sagst doch selbst, dass ihr fast nur noch für die Siegermächte arbeitet. Es gibt so wenig für den Lohn zu kaufen.
Vater: Das interessiert die Sieger doch nicht. Angeblich soll Deutschland mit den Kohlelieferungen nach Frankreich im Verzug sein, weil es zu wenig Kohlen und Transportmittel gibt.
Mutter: Und wir, müssen wir nicht leben? Du weißt, dass auch ich letzte Woche mehrmals auf der Schutthalde nach Kohlen gesucht habe, um ausreichend Brennmaterial zu bekommen.
Vater: Ich bin ja froh, dass du der Familie hilfst. Aber in der Fabrik hat man erzählt, dass die Kontrolleure hart durchgreifen sollen. Wer faul ist, langsam arbeitet, die Franzosen behindert oder Verwirrung stiftet, wird hart bestraft.
Mutter: Dann pass gut auf, dass du nicht wieder dabei bist. Ich kenne dich und weiß, wie du reagierst, wenn du dich ungerecht behandelt fühlst.
Vater: Mach dir keine Sorgen. Wir sind uns alle einig, den Aufruf der Gewerkschaft zu unterstützen. Sogar die Reichsregierung ist der gleichen Meinung.
Mutter: Was wollt ihr denn machen, wenn euch die Franzosen Anweisungen geben?
Vater: Nichts – sich dumm stellen. Keine Anweisung wird befolgt. Die Reichsregierung nennt das passiven Widerstand. Erst heute ist wieder etwas Tolles geschehen.
Mutter: Was denn? Du machst mich neugierig.
Vater: Im Dortmund-Ems-Kanal haben Schiffer einen Kahn quer zur Fahrtrichtung versenkt. Kein Schiff kommt mehr vorbei. Die Franzosen können jetzt tagelang keinen Kohlekahn mehr durchbringen. Es sieht aus, wie ein unglücklicher Zufall, ist aber in Wirklichkeit ...
Mutter: Oh Gott, meinst du wirklich, dass Sabotage der richtige Weg ist?
Vater: Ja, anders geht es nicht. Der Versailler Frieden ist ungerecht. Wir können uns nicht alles gefallen lassen.
Mutter: Ihr müsst es wissen, trotzdem habe ich Angst.
Vater: Brauchst du nicht. Wir haben Folgendes abgesprochen: Sobald die Kommission das Werk betritt, läuten alle Fabriksirenen. Das bedeutet für alle Alarm und die Arbeit muss niedergelegt werden. Raus aus den Hallen und gemeinsam wie eine riesige Menschenmenge gehen wir schweigend Richtung Fabriktor. Das wird die Franzosen einschüchtern. Wir werden keine Gewalt anwenden – fest versprochen.
Mutter: Ein ungutes Gefühl bleibt. Was ist, wenn sie dich verhaften und ins Gefängnis werfen?
Vater: Warum denn gerade mich, wo Hunderte von Arbeitern das Gleiche machen? Ich werde schon aufpassen!

- Worüber unterhalten sich die Eltern?
- Leite aus dem Gespräch Ursachen und Ziele der Ruhrgebietsbesetzung durch die Franzosen ab.
- Erkläre den Begriff **passiver Widerstand**.
- Welche Bedeutung hat die Besetzung und der Widerstand für die deutsche Wirtschaft?
- Vermute, wie die Besatzer wohl auf den passiven Widerstand reagiert haben werden?

Die Krisenjahre der Weimarer Republik

> **TIPP** Versetze dich in die Lage von Bernd. Er schreibt seinem Opa in München einen Brief und schildert darin den nächsten Tag. Wie könnte dieser abgelaufen sein?

Aufruf der Regierung Stresemann vom September 1923:

Wider Recht und Vertrag ist das Ruhrgebiet durch französische und belgische Truppen besetzt. Über 180 000 deutsche Männer, Frauen, Greise und Kinder sind von Haus und Hof vertrieben worden. Über 100 Volksgenossen wurden getötet. Hunderte schmachten noch in den Gefängnissen. Standhaft weigerte sich die Bevölkerung, unter Gewalt zu arbeiten. Die Reichsregierung hatte es übernommen, für die leidende Bevölkerung zu sorgen. In der vergangenen Woche wurden für Rhein und Ruhr über 3500 Billionen Reichsmark an Unterstützung gezahlt. In dieser Woche wird sich die Summe mindestens verdoppeln.

Verfahren wir so weiter, ist die Aufrechterhaltung des deutschen Wirtschaftslebens nicht mehr gewährleistet. Diese Gefahr muss im Hinblick auf die Zukunft Deutschlands abgewendet werden. Um das Leben von Volk und Staat zu halten, stehen wir heute vor der bitteren Notwendigkeit, den Kampf abzubrechen.

- Erkläre den Inhalt des Aufrufs mit deinen Worten.
- Warum wurde der passive Widerstand aufgegeben?
- Schreibe zur Verdeutlichung die Zahl 3 500 Billionen aus. Wie oft ist darin 1 Mio. enthalten?
- Wieso verdoppelt sich die Summe innerhalb einer Woche?
- Vergleiche die Reaktion der Besatzer mit deinen Vermutungen.

MERKE

Die ersten Jahre der Weimarer Republik werden als die .... umschrieben.

Endgültig wurde der Erste Weltkrieg durch den .... beendet. Diesen

Friedensschluss empfanden viele Deutsche als .... Von Links und Rechts

wurden .... gegen die junge Republik angezettelt. .... und

.... waren zwei bekannte Anführer. Die .... sorgte für eine totale

Entwertung des Geldes. Im Herbst .... war ihr Höhepunkt. Zuvor hatten Belgier und

.... das .... besetzt. Deutschland reagierte mit ....

....

3 Die „goldenen" 20er-Jahre

❶ Außenpolitische Stabilisierung

Der Vertrag von Locarno 1925

Die Vertrag schließenden Parteien garantieren die Aufrechterhaltung der zwischen Deutschland und Belgien und zwischen Deutschland und Frankreich bestehenden Grenzen sowie deren Unverletzlichkeit.

Deutschland und Belgien, ebenso Deutschland und Frankreich verpflichten sich gegenseitig, in keinem Fall zu einem Angriff, zu einem Einfall oder einem Krieg gegeneinander zu schreiten.

Deutschland und Belgien sowie Deutschland und Frankreich verpflichten sich, alle Fragen auf friedlichem Weg zu lösen.

- Erkläre den Inhalt des Vertrages mit deinen Worten.
- Vergleiche den Vertrag mit den Bestimmungen des Versailler Vertrages.
- Der deutsche Außenminister Stresemann und der französische Außenminister Briand erhielten 1926 den Friedensnobelpreis. Begründe die Entscheidung.

Werben für den Vertragsabschluss:

Unsere Nationen haben sich oft auf Schlachtfeldern gegenübergestanden. Der Vertrag soll solche Metzeleien verhindern helfen.	*Die deutschnationale Fraktion fordert in dem Vertrag die Gegenleistung der anderen beteiligten Mächte, die den Deutschland angesonnenen Opfern entsprechen. Sie lehnt ihn daher ab.*
Locarno ist eine Schranke gegen Unüberlegtheit. Locarno bedeutet die Notwendigkeit, zu verhandeln. Locarno hindert die Völker, blind übereinander herzufallen.	**Abstimmung im Reichstag (27. 11. 1925):** 291 Ja-Stimmen 174 Nein-Stimmen 3 Enthaltungen

- Welche Gründe werden für bzw. gegen den Vertrag angeführt?
- Bewerte das Abstimmungsergebnis im Reichstag.

Aufnahme Deutschlands in den Völkerbund (08. 09. 1926)

Situationsschilderung	Stresemann:	Briand:
… Im Saal setzte bei Eintritt der deutschen Delegation ein wahrer Beifallssturm ein. Nur mit Mühe konnte man den Weg zu den Plätzen erreichen. Jeder wollte ihnen die Hände schütteln. Auf der Tribüne wurden Hüte und Tücher geschwenkt.	*… Nur wenn alle Staaten ohne Unterschied in voller Gleichberechtigung umspannt werden, können Hilfsbereitschaft und Gerechtigkeit die Leitsterne des menschlichen Handels werden.*	*Jetzt ist Schluss mit jener langen Zeit schmerzlicher und blutiger Auseinandersetzungen. Freie Bahn für die Versöhnung, für Schiedsgerichtsbarkeit und für den Frieden.*

Die „goldenen" 20er-Jahre

- Schildere die Situation bei der Aufnahme Deutschlands in den Völkerbund.
- Wie schätzt du die Grundstimmung des Volkes in Frankreich bzw. in Deutschland ein?
- Ist die Überschrift *Außenpolitische Stabilisierung* für dieses Kapitel richtig gewählt?
- Der Völkerbund gilt als Vorläufer der heutigen UN. Welche positiven aber auch kritischen Aspekte lassen sich anführen? Stelle in einer Tabelle gegenüber.
- Wo und mit welchen Aufgaben ist die UN heute tätig? Gib aktuelle Beispiele.

❷ Lebensalltag in den 20er-Jahren

Hobby & Unterhaltung

Kürzere Arbeitszeit – 8-Stunden-Tag – Mehr freie Zeit – Hobbys wachsen: Garten, Briefmarken, Karten, Modelleisenbahn, Taubenzucht, Federball, Tennis, Monopoli, Lesen, Radio, Kino, Tanz. Beliebt wurde Urlaub an Ost-, Nordsee, bzw. in den Bergen mit Rummel, Musikpavillon, Schwimmbad, Tanzsälen, Tennisplätzen. Einkaufsbummel in neuen Geschäften mit Cafébesuch und Kino, Tanzvergnügen mit Swing und Jazz, vor allem am Wochenende.

Kultur & Theater

1929 gab es in Berlin 2633 Zeitungen und Zeitschriften, davon 147 Tageszeitungen. Klatschspalten und Comicstrips entstanden. Spezielle Illustrierte zur Information. Ab 1923 regelmäßige Musiksendungen aus dem Berliner Funkhaus. 1924 gab es 8 regionale Rundfunksender. Beliebte Hörspiele. Filmidole wie Elisabeth Bergner, Gary Cooper, Marlene Dietrich, Fred Astaire, Greta Garbo. Filmlegenden wie Metropolis, Dr. Mabuse, Der blaue Engel, Dreigroschenoper, ... Varietee und Kabarett.

Wohnung & Kleidung

Elektrische Deckenlampe, Bodenteppiche, einfache Vorhänge, Beistelltisch für Kaffeetbletts, Radio, 3-teilige Polstergarnitur, weibliches Ideal: schlank, kurze Röcke, schmale Taille, Bubikopf, Lippenstift, Nagellack, Zigarette, preiswerte Stangenkollektion, auch für ihn, z.B. Pullover, Hemd mit weichem Kragen, legere, weite Hose, glatt rasiert oder gepflegter Schnauzbart.

Familie & Frau

Bewusst geplante Familie mit begrenzter Kinderzahl, längere Lebensdauer durch medizinischen Fortschritt. Typisch weibliche Berufe entstehen: Krankenpflegerin, Schreibkraft, Kellnerin, Verkäuferin, Näherin. Wahlrecht für Frauen, mehr Frauen in der Politik und akademischen Berufen, aber wenig angesehen und schlecht bezahlt. Der Mann bleibt meist der einzige Ernährer.

- Beschreibe die Situation der Menschen nach 1923.
- Erläutere die veränderten Lebensbedingungen anhand der vier Beispiele.
- Mit der Weimarer Republik beginnt die „Freizeitgesellschaft". Begründe.
- Suche positive und negative Auswirkungen des neuen Lebens.
- Welche Errungenschaften haben sich bis heute gehalten?

Die „goldenen" 20er-Jahre

Zwischen Stadt und Land gab es ein großes wirtschaftliches Gefälle. Die Menschen auf dem Land lebten größtenteils noch wie vor dem Ersten Weltkrieg. Harte Arbeit bestimmte in einer Bauernfamilie das tägliche Leben. An viele Dinge, die in der Stadt jetzt möglich waren, dachte man auf dem Land nicht.

- Warum gab es auf dem Land wenig Veränderung?
- Auf welche Annehmlichkeiten mussten die Landbewohner verzichten?
- Immer mehr Menschen strömten in die Großstädte. Erkläre diesen Trend.

Großstadtbild 1919	Großstadtbild Ende der 20er-Jahre
Gebäude aus dem 19. Jahrhundert Pferdegespanne wenig Automobile elektrische Straßenlampen Gas- und Petroleumlampe im Haus alte Fabrikhallen schwarz-weiß Stummfilmwerbung Invaliden alte Handgrammophone schwarzer Rock, gestreifte Hose, steifer Kragen, Homburgs, Gamaschen, Bärte	breit ausgebaute Straßen elegante Kaufhäuser moderne Fabrikgebäude palastartige Kinos mächtige Wohnblocks mit Arbeiterwohnungen und Licht Verkehrsflugzeuge geschlossene Kraftfahrzeuge wenig Pferdegespanne Straßenbahnen lockere Kleidung

- Vergleiche die beiden Stadtbilder.
- Versuche, jeweils eine Skizze zu zeichnen oder suche entsprechende Bilder, um Einzelheiten noch genauer beschreiben zu können. Anhaltspunkte bieten die folgenden Skizzen:

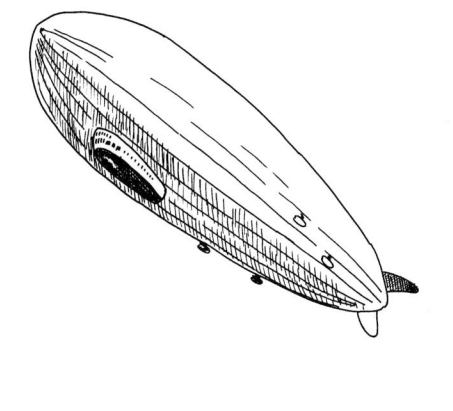

TIPP: Der 14-jährige Manfred, der mit seinen Eltern auf einem Bauernhof wohnt und dort bei der täglichen Arbeit eingespannt wird, besucht seinen Onkel in Berlin.
Erfinde eine Tagebucheintragung: „Das war ein Tag – dass es so was überhaupt gibt ..."

Die „goldenen" 20er-Jahre

❸ Die wirtschaftliche Entwicklung

Aus der Statistik:

Wirtschaftsbereich	Zahlen 1924	Zahlen 1928
Steinkohle	90 Millionen Tonnen	170 Millionen Tonnen
Stahl	9,5 Millionen Tonnen	16 Millionen Tonnen
Kali	8 Millionen Tonnen	13 Millionen Tonnen
Getreide	16 Millionen Tonnen	22 Millionen Tonnen
BRT (Schiffbau)	2 856 000 BRT	4 039 000 BRT
Anzahl PKW	170 000	300 000
Ausfuhr (Export)	9 Milliarden Mark	13 Milliarden Mark
Einfuhr (Import)	11 Milliarden Mark	13 Milliarden Mark

Reporter berichten: **Jahresrückblick 1927** (Teil 1)

... Wir blicken zurück auf ein erfolgreiches Wirtschaftsjahr 1927:
- In Berlin entsteht die erste Straße nur für Autos – als **AVUS** wird sie in die Geschichte eingehen und zum Nachahmen auffordern.
- Zwischen Köln und Bonn entsteht die erste Schnellstraße für Autos, **Autobahn** genannt. Ingenieure machen sich Gedanken über eine Autobahn von Hamburg über Frankfurt bis nach Basel.
- Der Ausbau des **Mittellandkanals** quer durch Deutschland kommt gut voran; bald können ihn die ersten Schiffe durchqueren und damit noch mehr Industriegebiete an die Wasserstraßen anschließen.
- Mit der „Europa" und der „Bremen" sind die modernsten und schnellsten **Atlantikschiffe** im Bau.
- Mit dem Luftschiff **Graf Zeppelin** der Zeppelingesellschaft wird eine Atlantiküberquerung in 2,5 Tagen möglich sein.

Reporter berichten: **Jahresrückblick 1927** (Teil 2)

... Das Jahr brachte einen großen Fortschritt in der sozialen Grundabsicherung der Arbeiter. Deutschland ist damit führend in Europa, ja in der Welt. Hören wir, wie die Gewerkschaften die Erfolge beschreiben:
- Seit diesem Jahr gibt es den Kündigungsschutz für werdende und stillende Mütter.
- Die Arbeitslosenversicherung wurde eingeführt.
- Arbeitsämter als Ort der Arbeitsvermittlung und des Schutzes nehmen ihre Arbeit auf.

Erläutern wir die Fortschritte am Beispiel der Familie Klein, einer **typischen Arbeiterfamilie** mit vier kleinen Kindern.

Herr Klein wurde im Sommer unfreiwillig arbeitslos, seine Firma musste ihn wegen fehlender Nachfrage entlassen. Früher hätte Herr Klein keine Hilfe erhalten, er hätte vom Ersparten leben müssen, sich um Aushilfsarbeiten kümmern, seine Kinder arbeiten schicken oder auf die Arbeitskraft seiner Frau zurückgreifen müssen. Dies ist jetzt anders: Herr Klein hat ein gesetzlich festgelegtes Anrecht auf Unterstützung. Diese teilt sich in eine Hauptunterstützung, die normalerweise 26 Wochen lang gezahlt wird, und den Familienzuschlag. Die Höhe der Hauptunterstützung ist abhängig vom Verdienst der letzten 13 Wochen ...

Die „goldenen" 20er-Jahre

22

> ... Sie beträgt bei einem Wochenlohn von 24,00 Mark genau 10,80 Mark. Damit können Herr Klein und seine Familie die Zeit ohne Hunger zu erleiden überbrücken. Herr Klein hat nach 4 Monaten wieder Arbeit gefunden. Er ist froh über die Erfolge, welche die Gewerkschaften den Arbeitgebern abgerungen haben. Übrigens finanziert wird diese Arbeitslosenunterstützung durch je 3 % des Grundlohnes von Arbeitgeber und Arbeitnehmer gemeinsam.

- Erläutere die Angaben zur wirtschaftlichen Entwicklung.
- Welche Fortschritte werden im Jahresrückblick beschrieben?
- Welche sozialen Errungenschaften gibt es Ende der 20er-Jahre?
- Stelle die Situation der Familie Klein (anhand des geschilderten Beispiels) in den Jahren 1923 und 1928 gegenüber.
- Erkundige dich nach der heutigen Rechtslage bei Arbeitslosigkeit.

- Ist es berechtigt, von den „goldenen" 20er-Jahren zu sprechen?
- Trage in einer Tabelle nochmals die positiven Ergebnisse zusammen und ordne diese nach Oberpunkten, wie wirtschaftliche Entwicklung, politische Stabilisierung, ...

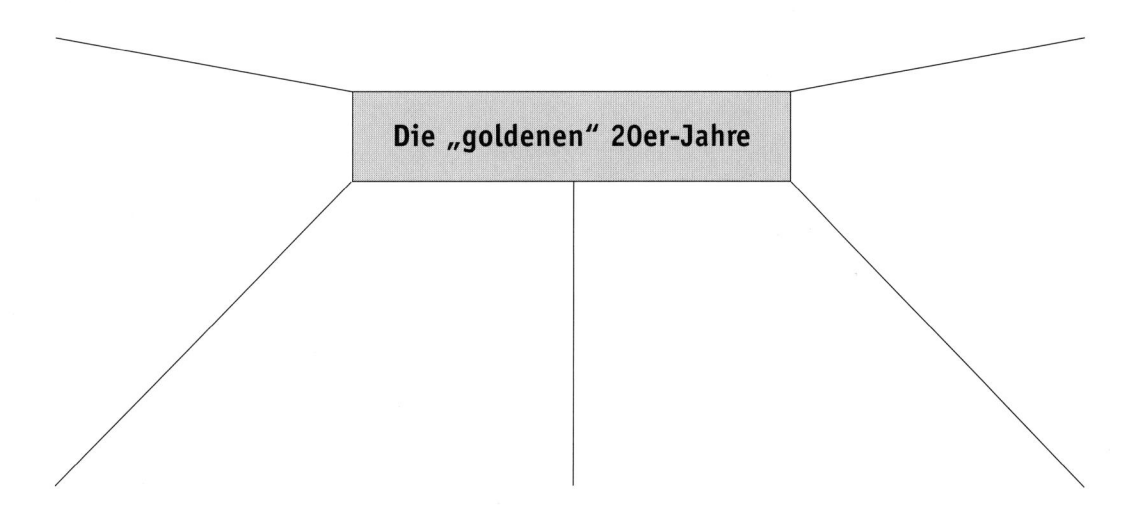

Die „goldenen" 20er-Jahre

Die „goldenen" 20er-Jahre

Rätsel

waagerecht
1. Anführer eines Aufstandes
2. Fluss in Frankreich
3. Ort eines Attentats
4. Geldentwertung
5. General (Kriegsplan)
6. Der Vormarsch ....
7. Ersatznahrungsmittel
8. Sprengsatz am Boden
9. milit./wirtsch. Ausbreitung einer Großmacht
10. Waffe im Ersten Weltkrieg
11. Verlorenes deutsches Gebiet
12. Kriegsgegner Deutschlands
13. Absperrung
14. Deutscher Kaiser
15. Versuchte 1923 einen Staatsstreich
16. Zahlungen an die Siegermacht
17. Aufstand
18. Gerücht über die Unbesiegbarkeit des deutschen Heeres
19. Fluggeschoss
20. Nur mit Hilfe des Windes fährt das ....schiff

senkrecht:
2. Schlachten im Ersten Weltkrieg
6. Abstimmungsgebiet
21. Besitz in Übersee
22. Währung (Weimarer Republik)
23. Bezeichnung für Panzer
24. Eine Ursache für den Ersten Weltkrieg
25. feste Fronten im Krieg
26. Ort bei Paris
27. politisch Verantwortlicher
28. Autounterstellplatz
29. sozialdemokratischer Politiker
30. Bezeichnung für die Welt

LÖSUNGSWORT: ___ ___ ___ ___ ___ ___ ___ ___ ___ ___
                     a   b   c   d   e   f   g   h   i   k

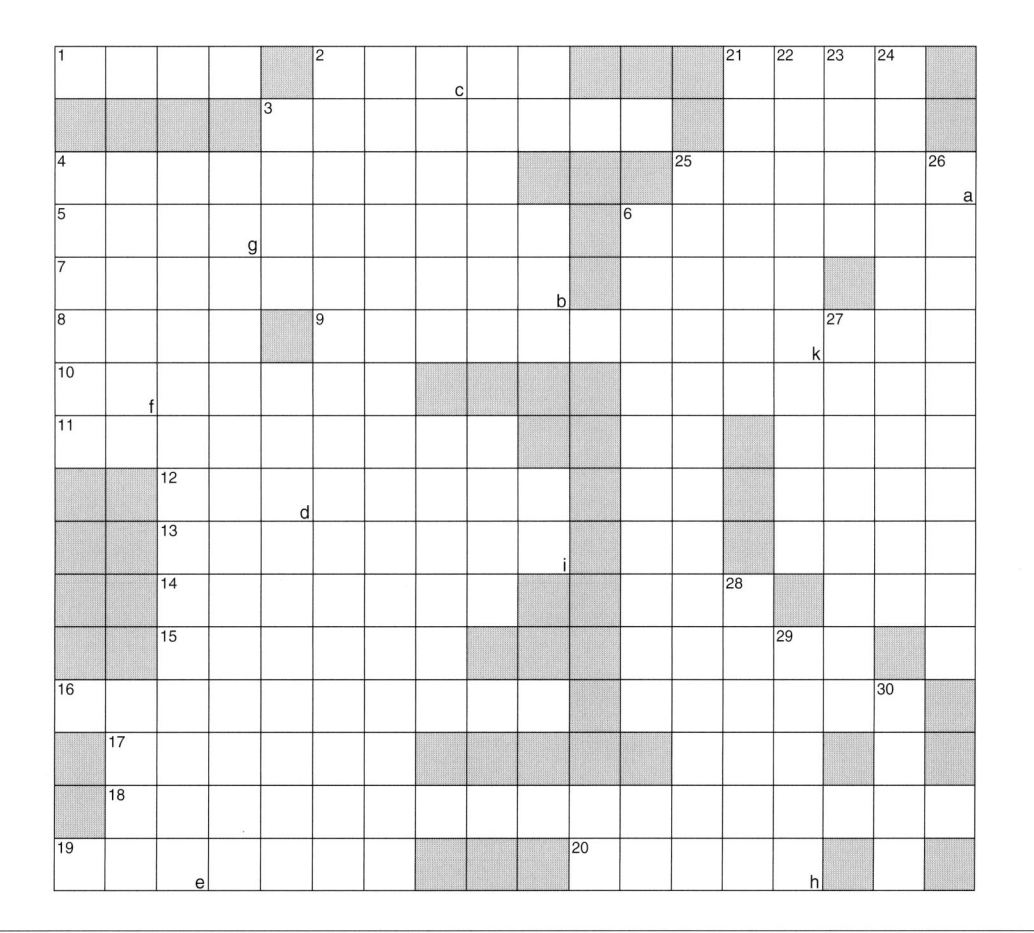

4 Das Ende der Weimarer Republik

❶ Die Wirtschaftskrise

aus der Statistik:
- ● Anzahl der Konkurse (in Tausend)
- ◆ Arbeitslose (in Mio.)

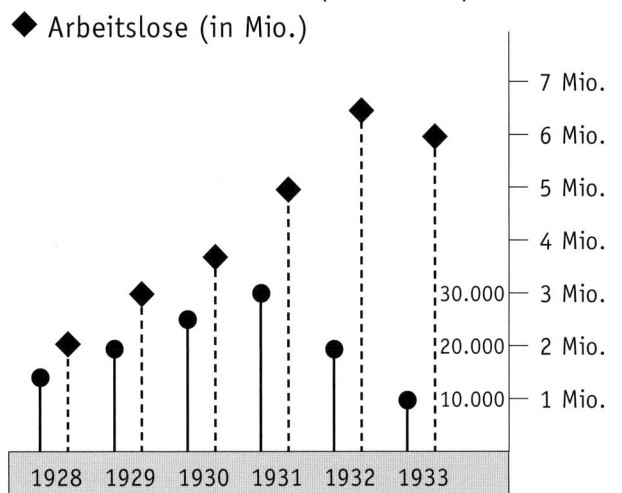

[Diagramm mit Jahren 1928–1933]

von den **6 200 000 Arbeitslosen** erhielten:
1 851 000 Arbeitslosenunterstützung
1 673 000 Krisenfürsorge
1 833 000 Wohlfahrtsunterstützung
  843 000 keine Unterstützung

2 Erwachsene und 1 Kind erhielten pro Monat:
Arbeitslosenunterstützung: 65 RM oder
Krisenfürsorge: 51 RM oder
Wohlfahrtsunterstützung: 30 RM.

Miete, Beleuchtung, Heizung (32 RM)
30 Pfund Kartoffeln, 30 Pfundbrote,
3 kg Kohl, 1,5 kg Margarine, 3 Heringe,
15 Liter Milch (18 RM)

- Interpretiere die statistischen Angaben.
- Was kann die Durchschnittsfamilie von der Unterstützung kaufen?
- Welche Essgewohnheiten sind wohl nicht mehr bezahlbar?
- Überlege, wofür kein Geld vorhanden ist.
- Welche Auswirkungen hat dies für die Wirtschaft?
- Lies im Geschichtsbuch oder im Internet nach, welche Ursachen die Wirtschaftskrise Ende der 20er-Jahre hatte („**Schwarzer Freitag**").

Stimmungslage der Arbeitslosen

Situationsbericht 1:

Hunderte von Männern und Frauen befinden sich auf dem Marktplatz der Stadt.
Soeben sind Morgenzeitungen eingetroffen. Sie werden den Verkäufern förmlich aus den Händen gerissen. Überall das gleiche Bild: Menschen, die in Zeitungsseiten vertieft, das Fahrrad am Körper angelehnt, auf ihre Chance warten – ein Angebot im Stellenanzeigenteil. Und dann ab aufs Fahrrad: Wer zuerst kommt, malt vielleicht auch zuerst.

Situationsbericht 2:

Soll ich dahin? Da war ich doch schon einige Male nachfragen. Aber hier steht es schwarz auf weiß: Montagearbeiter gesucht, genau mein Job. (...) Wieder dasselbe! Nichts zu machen, die Stelle ist weg. Da war einer schneller! Das ständige Bangen und Hoffen, das macht mürbe und stumpft ab. Ich hasse diesen Staat und diese Gesellschaft, wo es nur sehr wenige sehr gut haben. Und morgen? Morgen stehe ich sicher wieder am Bahnhof, ...

Das Ende der Weimarer Republik

Situationsbericht 3:
Stumm und schweigsam stehen sie da, ein Mann mittleren Alters und eine jüngere Frau. Nebeneinander, so als ob sie zusammen wären. Aber sie kennen sich nicht. Sie verbindet das gemeinsame Schicksal:
Auf der Suche nach Arbeit. Mit Schildern vor Brust und Rücken, machen sie auf ihre Situation aufmerksam:
Ich suche Arbeit jeder Art! Ich suche Arbeit, kann Stenographie und Schreibmaschine, besitze englische und französische Sprachkenntnisse. Ich übernehme jede im Haushalt vorkommende Arbeit.

Situationsbericht 4:
*Ich habe Arbeit, mein Mann nicht! Ich stehe um halb fünf auf, mein Zug fährt um 5:10 Uhr. Um 5:55 Uhr komme ich an, dann im Dauerlauf zur Fabrik, die Arbeit beginnt um 6 Uhr. Bis 14:30 Uhr putze ich Maschinen. Ich muss bis 17:13 warten, erst dann fährt mein Zug zurück. Um 18 Uhr bin ich zuhause. Es heißt kochen, flicken, putzen, vorbereiten, ...
Ist das eigentlich noch Leben?
Todmüde falle ich ins Bett.*

- Erläutere die 4 Situationsberichte.
- Was bedeutet die Arbeitslosigkeit für die betroffenen Menschen?
- Wem geben sie Schuld an ihrem persönlichen Unglück?
- Auch heute bedeutet arbeitslos sein ein großes Problem. Suche Gemeinsamkeiten und Unterschiede.

TIPP Wir schreiben das Jahr 1929. Reihe dich in die Schlange der Arbeitslosen vor dem Arbeitsamt ein. Beginne mit deinem Nachbarn ein Gespräch über persönliche und politische Fragen. Schreibe dieses Gespräch als eine Art Tagebucheintrag auf.

Schlagzeilen aus Wahlplakaten der 30er-Jahre

Das sind die Feinde der Demokratie (NS, KPD), hinweg damit, wählt **Liste 1, Sozialdemokraten**	Arbeiter! wählt den Frontsoldaten **Hitler**	Frauen – rettet die deutsche Familie! wählt **Adolf Hitler**
Schluss mit diesem System! wählt **Liste 3 KPD**	Brüning, der Freiheit und Ordnung letztes Bollwerk, wählt **Zentrum Liste 4**	Den letzten Stoß, dem System, wählt Liste 2 **Nationalsozialisten**

- Welche Parteien werben hier um die Gunst der Wähler?
- Unterscheide demokratische und antidemokratische Parteien.
  (Als Hilfe können die Parteiprogramme dienen.)
- Welche Wahlbotschaften sprechen die Menschen wohl an?

Wahlergebnisse:	1928	1930	1932
NSDAP	3 %	18 %	37 %
KPD	11 %	13 %	14 %
demokratische Parteien (insgesamt)	86 %	71 %	44 %
davon SPD	31 %	25 %	22 %
davon Zentrum	16 %	15 %	16 %

- Versuche eine Interpretation der Wahlergebnisse. Was lässt sich über mögliche Mehrheiten sagen?
- Erläutere den Zusammenhang: Krise in der Republik – Aufstieg der Radikalen. Suche nach ähnlichen Ergebnissen in der Geschichte der Bundesrepublik Deutschland.

Das Ende der Weimarer Republik

❷ Der Untergang der Republik

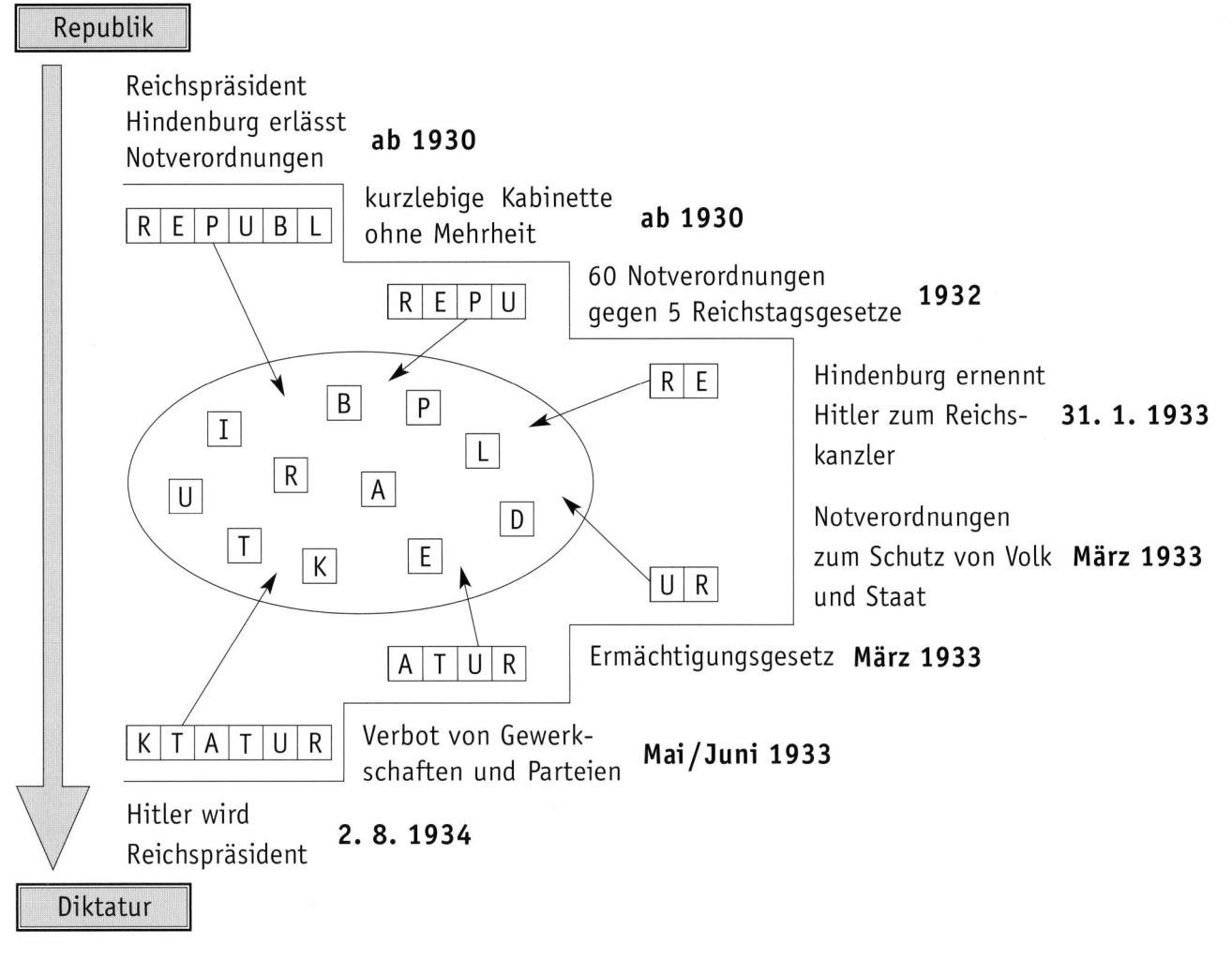

Republik

Reichspräsident Hindenburg erlässt Notverordnungen — **ab 1930**

R E P U B L — kurzlebige Kabinette ohne Mehrheit — **ab 1930**

R E P U — 60 Notverordnungen gegen 5 Reichstagsgesetze — **1932**

R E — Hindenburg ernennt Hitler zum Reichskanzler — **31. 1. 1933**

(Oval mit Buchstaben: I, B, P, U, R, A, L, T, K, E, D)

U R — Notverordnungen zum Schutz von Volk und Staat — **März 1933**

A T U R — Ermächtigungsgesetz — **März 1933**

K T A T U R — Verbot von Gewerkschaften und Parteien — **Mai/Juni 1933**

Hitler wird Reichspräsident — **2. 8. 1934**

Diktatur

- Erläutere den Niedergang der Weimarer Republik bis hin zur Diktatur Hitlers.
- Suche im Geschichtsbuch entsprechende Inhalte zu den einzelnen Fakten und stelle diese in Form einer Stichwortsammlung zusammen.
- Der Weg zu einem neuen Staatssystem führt oft über Revolutionen. Interpretiere den Weg Hitlers.

Aus dem Tagebuch eines damals 14-jährigen Jugendlichen:

Ich konnte es miterleben, was Goebbels im Rundfunk die Machtergreifung nannte. Zusammen mit meinen Eltern war ich abends im Stadtzentrum. Ein solches Schauspiel habe ich noch nie gesehen, beeindruckend und Angst einflößend zugleich.

Stundenlang marschierten die Braunhemden mit ihren Hakenkreuzbinden im Gleichschritt. Dem gleichmäßigen Hämmern der Schritte, den unendlich vielen Hakenkreuzfahnen rot oder schwarz, welche die Marschierenden wie ein wogendes Fahnenmeer begleiteten, dem gespenstig erleuchteten Straßenbild durch die vielen zuckenden Fackeln sowie den einpeitschenden Liedern und Gesängen, die direkt das Gemüt ansprachen, konnte sich kaum einer entziehen. Mit weit geöffneten Augen sah ich im Schein der Fackeln Bekannte und Jungen aus meiner Schulklasse bei den Marschierenden. Wie hypnotisiert standen Menschen am Straßenrand und grüßten mit „Heil Hitler". Auch mir rutschten solche Worte raus. Vater zog mich in einer ruhigere Seitenstraße. Ich verstehe nicht, warum ich nicht noch länger zuschauen durfte und auch nicht, warum Vater mehrfach zu sich selbst sagte: „Der also auch!"

Das Ende der Weimarer Republik

Der Reichstag brannte heute Nacht, ein unvorstellbares Ereignis. Die Kommunisten haben ihn angezündet und die Regierung hat sofort und ohne Zögern gehandelt.
Durch eine Notverordnung werden jetzt Volk und Staat besser geschützt. So konnte man es heute im Rundfunk hören. Vater schüttelte wiederholt den Kopf. Ich habe es genau beobachtet, wie konzentriert er die Nachrichten hörte. Viele Menschen – Staatsfeinde – wurden verhaftet, auch sein Freund Dieter, mit dem er so oft diskutierte. Ich kenne Dieter, er ist genau wie mein Vater Mitglied der SPD. Ich bin sicher, dass Dieter kein Staatsfeind ist und auch nichts angestellt hat. Mich beunruhigt, dass Vater Angst hat, aber wovor denn? Er will nicht mit mir darüber reden. Und so muss ich mir die Frage stellen, wieso die Verhaftung Dieters, Volk und Staat schützen soll? Ich verstehe es nicht!

„Jetzt ist alles aus", mit diesen Worten hat Vater eben das Haus verlassen. Mutter will oder kann mir nichts dazu sagen. Also habe ich wieder Nachrichten gehört. Heute war eine wichtige Abstimmung im Reichstag. Mit riesiger Mehrheit (ich glaube es waren 444 Ja-Stimmen) wurde das Ermächtigungsgesetz angenommen. Nur die SPD hat dagegen gestimmt. Ich finde dies ausgesprochen mutig und fair, dass man zu seiner Meinung steht und sich nicht irgendeinem Druck beugt. Gestern wurden wieder Staatsfeinde verhaftet, SPD-Abgeordnete als Staatsfeinde? Aber kann ein Gesetz so falsch sein, wenn alle anderen ihm zustimmen? Ich mache mir Sorgen um Vater, er ist seit einigen Tagen so anders geworden. So war er noch nicht einmal, als er vor zwei Jahren arbeitslos war. Ich werde wohl bis morgen warten, dann erklärt uns sicher der Lehrer in der Schule, was es mit dem Ermächtigungsgesetz auf sich hat ...

- Welche Ereignisse hat der Jugendliche in seinem Tagebuch erwähnt?
- Der Jugendliche hat jeweils eine wichtige Verständnisfrage. Beantworte sie.
- Warum macht er sich Sorgen um seinen Vater?

TIPP Erfinde selbst den Eintrag zum Verbot der SPD im Juni 1933. Denke daran, dass der Vater Mitglied der SPD ist. Du könntest so beginnen: *„Vater ist ganz aufgeregt nach Hause gekommen. Sofort ist er in sein Arbeitszimmer ..."*

- Welche politischen Gewalten hat Hitler in seiner Hand?
- Was bedeutet es, wenn er gleichzeitig Kanzler und Präsident ist?
- Ist es berechtigt, von einer Diktatur zu sprechen?
- Ziehe Verbindungen zu anderen Diktaturen, die du aus der Geschichte kennst.

MERKE

Die Erfolgsjahre der Weimarer Republik nennt man auch die .... Die Wirtschaft erholte sich und soziale Reformen wie .... oder ....-..................... wurden erreicht. Die Weltwirtschaftskrise führte auch in Deutschland zu großer .... Viele Menschen waren .... und gaben die Schuld an ihrem Schicksal den .... Parteien. Mit der Ernennung .... zum .... wurde ein Wandel in der Politik eingeleitet. Mithilfe von zwei wichtigen Gesetzen, der .... zum Schutz von Volk und Staat und dem .... , gelang es Hitler, seine Macht auszubauen. Als er das Amt des .... 1934 übernahm, wurde Deutschland endgültig zu einer ....

5 Die Zeit des Nationalsozialismus

❶ Der Führerstaat

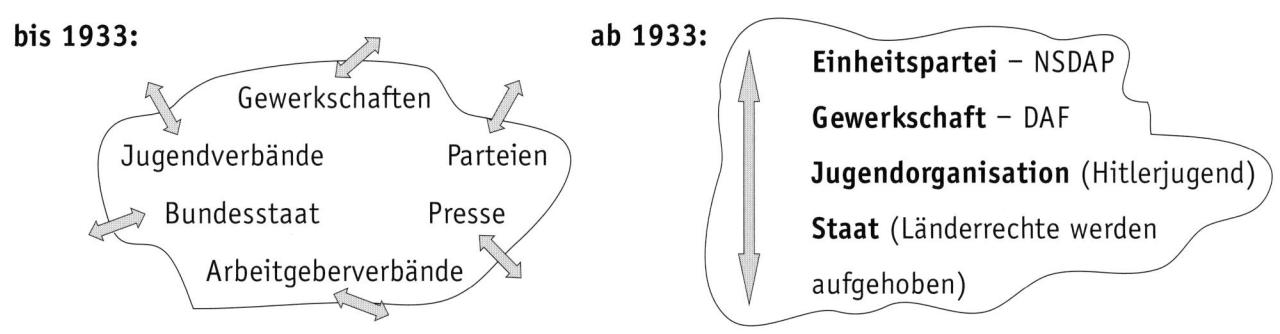

bis 1933:

- Gewerkschaften
- Jugendverbände
- Parteien
- Bundesstaat
- Presse
- Arbeitgeberverbände

ab 1933:

- **Einheitspartei** – NSDAP
- **Gewerkschaft** – DAF
- **Jugendorganisation** (Hitlerjugend)
- **Staat** (Länderrechte werden aufgehoben)

- Welche Bedeutung haben unterschiedliche gesellschaftliche und politische Gruppen für einen Staat?
- Warum vereinheitlicht Hitler diese Gruppen?
- Dieses Vorgehen nennt man Gleichschaltung. Erkläre.

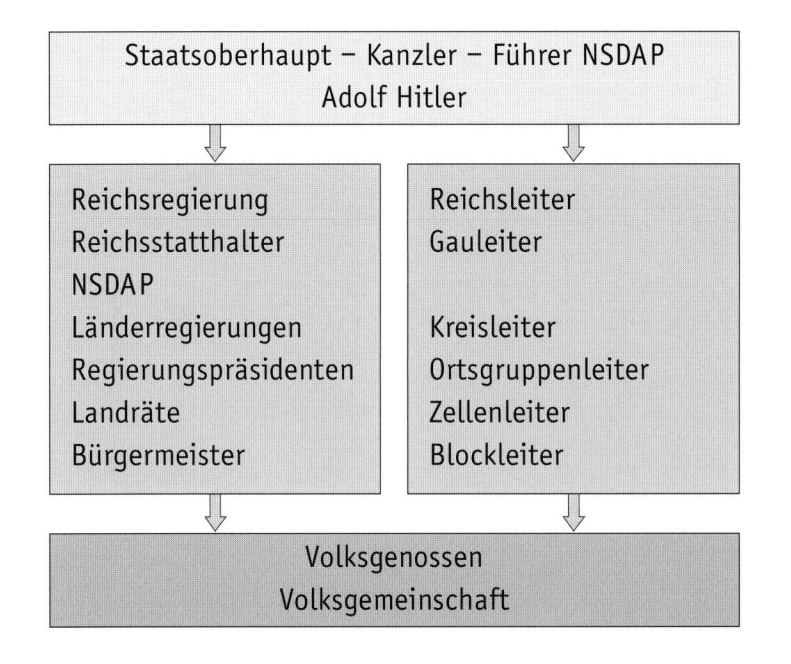

Staatsoberhaupt – Kanzler – Führer NSDAP
Adolf Hitler

Reichsregierung	Reichsleiter
Reichsstatthalter	Gauleiter
NSDAP	
Länderregierungen	Kreisleiter
Regierungspräsidenten	Ortsgruppenleiter
Landräte	Zellenleiter
Bürgermeister	Blockleiter

Volksgenossen
Volksgemeinschaft

Volksgemeinschaft
(nationale Lebensgemeinschaft gegenseitiger Fürsorge und Hilfe)

sichergestellt durch die

....

ihre Unterorganisationen und Verbände wie:
- Volkswohlfahrt
- Winterhilfswerk
- Deutsche Arbeitsfront
- Hitlerjugend
- NS-Frauenschaft ...

So macht man sich beim Volk beliebt:
- **KdF:** – preisgünstige Ferien für alle
  - die Reisesparkarte hilft (jetzt kannst auch du reisen)
  - wöchentlich 5 RM sparen, die Sparmarke einkleben, der KdF-Wagen gehört dir
- Volksgenossen, braucht ihr Hilfe und Rat, wendet euch an die Ortsgruppe.
- Der *Volksempfänger*, das gemeinsame Hörrohr für alle – ganz Deutschland hört den Führer
- *Eintopfsonntag*: Alle Deutschen essen Eintopf – das gesparte Geld geht an das Winterhilfswerk
- *Reichsarbeitsdienst*, alle Deutschen arbeiten für die Volkswirtschaft

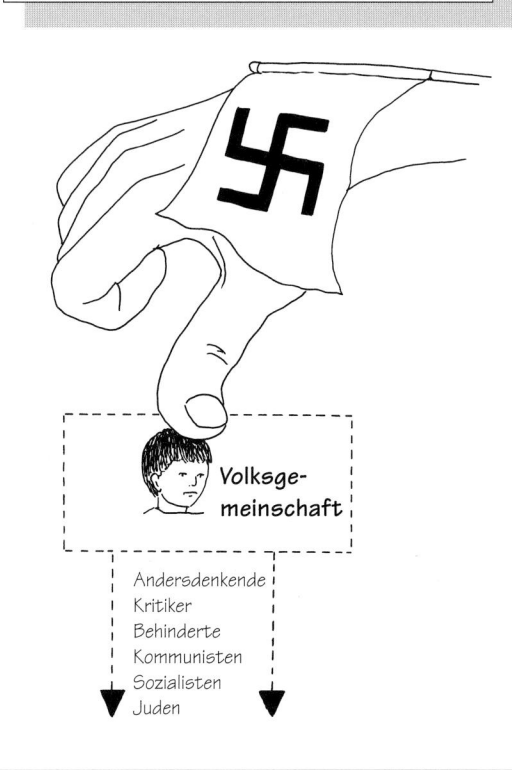

Volksgemeinschaft

Andersdenkende
Kritiker
Behinderte
Kommunisten
Sozialisten
Juden

Die Zeit des Nationalsozialismus

- Erläutere den Aufbau des Führerstaates.
- Vergleiche mit einem demokratischen Staatsaufbau.
- Welche Aufgaben haben die NS-Verbände?
- Wie versuchen die Nationalsozialisten, das Volk zu begeistern?
- Wer gehört nicht zur Volksgemeinschaft?
- *„Du bist nichts, dein Volk ist alles!"* Erläutere diesen Ausspruch.
- Erkläre die Karikatur.

❷ Terror und Überwachung

Die folgenden Schlagzeilen geben Auskunft, wie der Nationalsozialismus die Menschen einschüchterte und in Schach hielt.

Im Juni 1933 wurde Johann Trollmann der Titel „Deutscher Boxmeister im Mittelgewicht" nach einer Woche wegen artfremden und theatralischen Boxens aberkannt. Trollmann war „Zigeuner".

Ein Zug von ungefähr 100 politischen Gefangenen wurde, begleitet von ca. 130 schwer bewaffneten Polizisten bzw. Hilfspolizisten, durch den Ort geführt.

Mein Freund wurde wegen Homosexualität verhaftet, seine Wohnung durchsucht – er verschwand für immer. Alle, die in seinen Notiz- und Adressbüchern standen, wurden zur Gestapo gebracht und eingehend verhört.

Jeder Gegner des Nationalsozialismus ist Staatsfeind. Ein solcher muss kaltgestellt oder ausgemerzt werden. Je rücksichtsloser man vorgeht, desto größer ist der Schrecken, umso größer die Furcht der Übrigen, desto geringer die Gefahr des Widerstandes.

Auf dem Marktplatz wird eine Frau kahl geschoren. Ein Schild verkündet das Vergehen: „... wird aus der Volksgemeinschaft ausgeschlossen. Sie ist mit einem polnischen Fremdarbeiter befreundet."

Aus den letzten zur Einsicht eingereichten Werken wird ersichtlich, dass sie auch heute noch dem kulturellen Gedankengut des NS-Staates fernstehen. Daher werden die 608 Werke beschlagnahmt, dem Künstler mit sofortiger Wirkung jede berufliche oder nebenberufliche Betätigung auf dem Gebiet der Kunst untersagt.

Der Blockleiter kennt jeden der 25 Menschen in seinem Block genau. Er weiß, mit wem er sich trifft, wo er arbeitet, was er in seiner Freizeit macht. Der Blockleiter wird jede Ungereimtheit sofort an seine höhere Dienststelle melden.

Für folgenden Spruch gab es 5 Monate Gefängnis:
Gemüse ohne Fett, ohne Brotzeit ins Bett, Magermilch, ein viertel Liter und den ganzen Tag Heil Hitler!

Aufgrund der Aussage einer 12-Jährigen, der Freund ihres Vaters hätte schlecht über den Nationalsozialismus geredet, wird dieser am frühen Morgen noch im Bett liegend verhaftet und von der Gestapo verhört.

Die Zeit des Nationalsozialismus

Anweisung für Hausblockwarte (anlässlich einer Volksbefragung 1934)

– am Freitagvormittag trägt er die Flugblätter mit der Führerrede aus,
– am Samstagnachmittag die Flugblätter zur Volksbefragung,
– am Sonntagmorgen um 8:00 Uhr muss er wählen,
– von 9:00 bis 12:00 Uhr hält er sich vor dem Hausblock auf und weist die Wagen ein, die die körperlich Behinderten abholen,
– um 12:00, 13:00 und 14:00 Uhr sind alle Wahlberechtigten zu befragen, ob sie gewählt haben,
– um 14:30 Uhr vermerkt er beim Wahlamt alle Nichtwähler,
– um 16:00, 16:30 und 17:30 sind die Nichtwähler an ihre Wahlpflicht zu erinnern.

Die Wahlkartei wurde sehr schlampig geführt. Jeder konnte eine Stimme für Nichtwähler abgeben. Weigerte sich jemand, den aufgezwungenen Ja-Zettel abzugeben, dann gab ihn ein SA-Mann für ihn ab.
Bei vermeintlichen Nein-Wählern wurden die Zettel markiert, nachträglich kontrolliert und durch Ja-Zettel ersetzt. Es kam vor, dass mehr Ja-Zettel vorhanden waren, als Wahlberechtigte in dem Ort wohnten.

Ein Unterstützungsempfänger weigerte sich, beim Betreten des Raumes den „Deutschen Gruß" abzugeben. Er wurde aus dem Kurs ausgeschlossen und bekam in den nächsten drei Wochen keine finanzielle Unterstützung mehr.

Ein Einwohner wurde aufs Rathaus bestellt. Dort wurde er so geschlagen, dass er blutend liegen blieb und ein Arzt gerufen werden musste. Dieser bescheinigte, dass gar nichts passiert sei. Es schade nichts, wenn jemand mal richtig Dresche bekomme. Dem Geschlagenen wurde später gesagt, dass er deshalb verprügelt wurde, weil er gesagt habe, wer die Wahrheit wissen wolle, müsse den Straßburger Sender hören.

- Schildere jeweils die gegebene Situation mit deinen Worten.
- Welche Druckmittel setzte der Nationalsozialismus ein, um Menschen gefügig zu machen?
- Verdeutliche, was die eingesetzten Mittel für die Betroffenen bewirkten.
- Welche Situationen passen inhaltlich zusammen?
- Formuliere zu jeder Schlagzeile eine Überschrift.
- Gegen welche der heute geltenden Rechtsvorschriften wird jeweils verstoßen?

- Vervollständige die begonnene Karikatur zum Leben der Menschen im Nationalsozialismus.

Die Zeit des Nationalsozialismus

❸ Jugend im Nationalsozialismus

Aus einem Tagebuch:

Jetzt bin ich endlich im Jungvolk, meine Eltern haben meinem Drängen nachgegeben. Ich habe sie aber auch ganz schön genervt und jeden Tag nachgefragt. Fast alle aus meiner Klasse sind Mitglieder. Ich freue mich auch auf das erste Treffen am Samstagmorgen. Dann brauche ich dafür auch nicht zur Schule zu gehen. Muss ja toll sein, an den Übungen im Gelände teilzunehmen. Abends sitzen wir dann um das Lagerfeuer, grillen Würstchen und singen Lieder. So haben es die anderen schon oft montags in der Schule erzählt. Erst letzte Woche hat unser Lehrer gesagt, wer aufs Gymnasium will, muss schon im Jungvolk sein. Und ich bin doch gut in der Schule. Ich brauche mich nun nicht mehr rechtfertigen, warum ich nicht zu der deutschen Jugend gehören will. Eine Uniform bekomme ich auch noch, ich habe ja nächste Woche Geburtstag. Also ich bin dabei – Heil Hitler und Danke für alles!

Morgen habe ich schon wieder Dienst, den ganzen Sonntag wird es dauern. Wie mich das aufregt. Wäre ich doch nie in das Jungvolk eingetreten. Was gestern geschehen ist, darf ich keinem erzählen, strengstes Stillschweigen wurde befohlen. Wir waren bei einer Geländeübung, unser Jungvolkzug hatte ein Nachtlager mit Zelten bezogen. Ich musste bei der Fahne Wache halten. Plötzlich bekam ich Leibschmerzen und ich musste austreten. Ich lief rasch zu dem ausgehobenen Donnerbalken. Alle waren in den Zelten am Schlafen, wir waren richtig kaputt von den Anstrengungen des Tages. Unser Jungzugführer Fritz, gerade 2 Jahre älter als ich, hatte uns wegen ungleichmäßigen Marschierens geschliffen: „Tiefflieger von vorne, Granateinschlag, Sprung auf, marsch, marsch", und das fast eine Stunde lang. Als ich wieder zur Fahne zurückkam war sie verschwunden. Klaus, der mich nicht leiden kann, hatte sie entwendet und dies gleich dem Zugführer gemeldet.
Mit dem Morgengrauen mussten alle antreten und ich bekam meine Strafe wegen „Fahnenflucht", eine Tracht Prügel. Wie soll sich der Führer auf mich verlassen können, wenn ich noch nicht mal auf eine Fahne aufpassen kann. Alle mussten mit ihren Gürteln auf mich einschlagen, als ich durch ihre Reihen lief. Mir tut alles weh. Zum Glück haben meine Eltern bis jetzt nichts gemerkt ...

- Berichte über die beiden Eintragungen.
- Vergleiche sie und erläutere den Stimmungswandel.
- Welche Tatsachen sind aus deiner Sicht nicht in Ordnung.

Bericht über die Hitlerjugend:

Die Jugend ist nach wie vor für das System: das Neue, das Exerzieren, die Uniform, das Lagerleben, dass Elternhaus und Schule hinter der jugendlichen Gemeinschaft zurücktreten müssen. Je mehr sie sich begeistern, desto leichter sind die Examen, desto eher gibt es einen Arbeitsplatz. Die Eltern erleben, dass sie dem Kind nicht verbieten können, was alle Kinder machen.

Mitglieder der Hitlerjugend klebten Werbeplakate an die Kirche. Der Pfarrer und sein Kaplan protestierten dagegen. Die Jungen griffen den Kaplan tätlich an. Ein Schlachtermeister wollte seinen Sohn aus der Horde herausholen und ihn wegen der Beteiligung an dem Angriff bestrafen. Die ganze Wut der Hitlerjungen richtete sich nun gegen ihn. Man machte dem Mann klar, dass er nie das Recht habe, einen Hitlerjungen zu schlagen. Kurze Zeit später erschien die SA bei dem Mann und nahm ihn fest.

Die Zeit des Nationalsozialismus

> Der Schulführer der HJ kommt nach einem Fahnenappell ins Lehrerzimmer und erklärt der versammelten Lehrerschaft und dem Schulleiter, dass die Lehrer vor der gehissten Fahne ihre Kopfbedeckung abnehmen müssten, ansonsten sehe er sich genötigt, dies seinem Vorgesetzten zu melden.

> **BEFEHL:** Kamerad ....
> **Aufnahme deines HJ-Dienstes** ab Samstag, den 22. 09. 1934;
> **Nächster Dienst:** Sonntag, 23. 09. 1934: 7:30 Uhr vor dem Heim antreten, mit Verpflegung für den Tag;
> Dienstag, 25. 09. 1934: 20:00 Uhr **Heimatabend**;
> Mittwoch, 26. 09. 1934: 10:00 Uhr **Turnen** (Entschuldigung bis 19:30 Uhr beim Unterbannführer).

- Berichte mit deinen Worten über die vier Gesichtspunkte.
- Findest du es gut, dass die Jugend so zusammenhält?
- Vergleiche die Terminlegung der HJ mit deinem Wochenplan.
- Versuche, die Aussagen in unsere Zeit zu übertragen. Was würdest du davon halten?

Nationalsozialismus und Schule:
„Uns sind schlechte Erzieher, die aber gute Nationalsozialisten sind, lieber, als gute Pädagogen, die schlechte Nationalsozialisten sind."

Versetzungspraktiken:
Kinder werden trotz guter Leistungen nicht versetzt, da sie „national unzuverlässig" sind.

Ein Schüler, der Mitglied der HJ ist, muss unabhängig von seinen Leistungen versetzt werden. Die Leistungen sind mindestens mit genügend anzusetzen.

Arbeitstexte:
Wie hat unser Kanzler uns Kinder so gern!
Wie spricht er so herzlich mit allen!
Wir danken ihm innig und bitten den Herrn,
wenn abends die Glocken verhallen.
Behüt unseren Führer, behüt unsren Stern,
sei mit ihm auf all seinen Wegen.
Halt alle Gefahren besorgt von ihm fern:
uns Deutschen zum dauernden Segen!

Führer, mein Führer, von Gott mir gegeben, beschütz` und erhalte noch lange mein Leben. Hast Deutschland gerettet aus tiefster Not, dir danke ich heut mein täglich Brot.

Aus dem Schulalltag:
Unser Lehrer hat heute morgen zuerst ein paar Mal den strammen Hitlergruß geübt. Mit dem Lehrer sprechen heißt: Hacken zusammen, Hände an die Hosennaht! Haben wir viel Hausaufgaben, entschuldigen wir uns einfach mit dem Dienst in der Hitlerjugend. Der Unterricht beginnt mit dem Hitlergruß und einem Spruch des Führers.

- Sprecht über das geschilderte Verhalten in der Schule.
- Vergleiche mit deinem Schulalltag.
- Welches Ziel verfolgt der Nationalsozialismus mit der Jugend?
- Vergleiche: Die heutige Schule möchte zu einem mündigen Staatsbürger erziehen.

Die Zeit des Nationalsozialismus

❹ Widerstand gegen den Nationalsozialismus

Trotz all dem Druck und Terror gab es in der Zeit des Nationalsozialismus Menschen, die Widerstand gegen die Herrschenden geleistet haben.

Der SPD-Abgeordnete Dr. Schuhmacher 1932:
„Wir erkennen beim Nationalsozialismus die Tatsache an, dass ihm zum ersten Mal in der deutschen Politik die restlose Mobilmachung der menschlichen Dummheit gelungen ist."

Aufruf KPD	Generalstreik gegen die faschistische Terror-Herrschaft Die **KPD** will man verbieten. Heraus auf die Straße – Legt die Betriebe still.

Der Journalist Felix Fechenbach schrieb aus der Haft folgende Fabel:
Die Schafe waren mit ihrem Schicksal unzufrieden und beriefen eine große Versammlung ein, um gegen die Willkür des Wolfes zu beraten. Man schickte eine Abordnung zum Wolf, um mit ihm über die Abschaffung der Missstände zu verhandeln. Der erfahrendste Hammel gab das Ergebnis bekannt: Der Wolf billigt uns zu, dass wir nicht ein Leben lang Schafe bleiben müssen. Jedes Schaf, das die Fähigkeit und Tüchtigkeit hat, kann sich zum Wolf entwickeln und darf dann mit den Schafen so verfahren, wie es der Wolf heute schon macht. Da wir den Wolf nicht abschaffen können, sollten wir alles daran setzen, selbst Wölfe zu werden. Und alle Schafe blökten begeistert ihr „Bäh".

Vorsichtsmaßnahmen der Reichsleitung der Sozialistischen Arbeiterpartei:
➤ keine Gruppenzusammenkünfte mit mehr als 5 Personen
➤ Spitzenfunktionäre brauchen illegale Papiere
➤ keine Treffen bei bekannten Personen
➤ keine Anschriften oder Ortsangaben aufbewahren
➤ alle Wohnungen von Material säubern
➤ Infos nach dem Lesen sofort vernichten
➤ Kuriere nie an Deckadressen senden
➤ Versuche unternehmen, um die Schrift unsichtbar zu machen ...

Pfarrer Martin Niemöller:
Aus Sorge um das deutsche Volk, die Kirche und die ungehinderte Verkündigung des Evangeliums wehrte er sich von Beginn an gegen den Versuch, die Kirche ohne Rücksicht auf ihr Wesen und ihre Aufgabe gleichzuschalten:
➤ predigte warnende Worte von der Kanzel
➤ heftete Flugblätter an Bäume seiner Heimatstadt
➤ gründete den Pfarrernotbund

Der Industrielle Oskar Schindler berichtet:
In vielen Fällen habe ich alte Eltern oder nicht arbeitsfähige Verwandte meiner Belegschaft in meinen Betrieb aufgenommen, um sie vor dem NS-Terror zu retten. Da ich alle als arbeitsfähig führte, musste ich für jeden eine bestimmte Summe in die SS-Kasse zahlen. Bei Werkskontrollen musste ich sie verstecken. Dazu kamen riesige Summen an Bestechungsgeldern für die Parteibonzen. Der finanzielle Aufwand für Lebensmittel, Versorgung und Medizin war enorm; ich konnte ihn nur zahlen, weil ich Waren auf dem Schwarzmarkt umsetzte.

Die Zeit des Nationalsozialismus

> **Johann Georg Elser plante und führte das Attentat vom 8. November 1939 durch:**
>
> *Am Abend des 8. Novembers explodierte im Münchener Bürgerbräukeller ein Sprengkörper. Diese Explosion war das Werk des Schreiners Johann Georg Elser, der das Attentat alleine vorbereitet und durchgeführt hatte. Insgesamt 30–35 Nächte hatte er unbemerkt im Bürgerbräukeller zugebracht, um den Anschlag möglichst sicher vorzubereiten. Ziel des Anschlags war Adolf Hitler, der jedes Jahr zur Erinnerung an den Marsch zur Feldherrnhalle 1923 an einer entsprechenden NSDAP-Veranstaltung in München teilnahm. Kurze Zeit vor der Explosion hatte Hitler den Saal verlassen und sich zum Bahnhof begeben, um seinen Zug nach Berlin zu erreichen. Das Attentat schlug fehl.*

> **Flugblatt von Hanno Günther, Wolfgang Pander und Elisabeth Pungs:**
>
> Das deutsche Volk muss opfern, opfern und nochmals opfern! Haben wir nicht wahrlich schon genug geopfert?
>
> Die Preise sind gestiegen, aber nicht die Löhne!
>
> 50% des Volkseinkommens, das heißt die Hälfte unserer Arbeit, schluckt der Staat.
>
> Die Butterration wurde gekürzt!
>
> Unsere Kinder werden unzureichend ernährt, und damit wir es nicht immer vor Augen haben, uns obendrein noch weggenommen.
>
> Hunderttausende junger Menschen werden hingeschlachtet!
>
> WOFÜR? WOFÜR? WOFÜR? WOFÜR? WOFÜR? WOFÜR?
>
> Für das Selbstbestimmungsrecht der Völker?
>
> Für den Neuaufbau Europas?
>
> Für die Freiheit des deutschen Volkes???
>
> NEIN!
>
> Sondern einzig und allein für die größenwahnsinnigen Weltbeherrschungspläne unserer plutokratischen Führerclique!

- Berichte über die einzelnen Widerstandsbeispiele.
- Welche Form des Widerstandes wird jeweils angewandt?
- Aus welchen Bevölkerungsschichten kommt der Widerstand?
- Welches Risiko nehmen die Widerstandskämpfer bewusst in Kauf?
- Welche Form des Widerstandes gegen den Staat ist heute möglich? Stelle gegenüber. Denke auch an die Folgen.

Widerstand im Nationalsozialismus	Widerstand heute

TIPP: Die bekanntesten Widerstandsbewegungen gegen den Nationalsozialismus sind die Ereignisse um den **20. Juli 1944** und die Bewegung der **Weißen Rose**. Informiere dich in Geschichtsbüchern oder mithilfe des Internets über Ziele, Durchführung und Ergebnis und gestalte dazu ein Plakat.

Die Zeit des Nationalsozialismus

❺ Judenverfolgung im Nationalsozialismus

Dokumente über Maßnahmen gegen Juden in Deutschland bis 1936

Der Stürmer
Deutsches Wochenblatt zum Kampfe um die Wahrheit
Herausgeber: Julius Streicher

➤ Jüdischer Mordplan gegen die nicht-jüdische Menschheit aufgedeckt (Ausgabe 05/38)
➤ Der Kinderschänder – Der Jude Singer schändet in Wien 30 deutsche Kinder (02/33)
➤ Weltverschwörer – Die enthüllten Geheimnisse der Weisen von Sion (05/36)

Plakate

- Vor Juden und Taschendieben wird gewarnt!
- Jedermann ist willkommen, nur der Jud´ ist ausgenommen.
- Juden ist das Betreten der Gemeinde verboten!
- Frauen, Mädchen hütet euch vor dem Schänder, dem Juden.
- Deutsche! Wehrt euch! Kauft nicht bei Juden!
- Juden sind hier unerwünscht.
- 500 000 arbeitslos 400 000 Juden Ausweg sehr einfach!

Tatsachenberichte

Unter dem Namensschild eines Arztes wurde ein „Stürmerkasten" angebracht. Der Arzt erwirkte eine einstweilige Verfügung. Der Kasten wurde entfernt. Die NSDAP hängte den „Stürmerkasten" wieder an die gleiche Stelle. Als der Arzt wieder mit einer einstweiligen Verfügung drohte, wurde er auf Betreiben der NSDAP in Schutzhaft genommen.

Die Nazikreisleitung organisierte in Mannheim die Kontrolle über jüdische Geschäfte. Die Käufer wurden angepöbelt und aufgefordert, nicht mehr in den jüdischen Geschäften zu kaufen. Diese Aktion wiederholte sich dreimal am Tag.

In Wanne wurden Käufer, die in jüdischen Geschäften gekauft hatten, fotografiert. Man drohte ihnen mit der Veröffentlichung der Fotos als Volksverräter.

Ein jüdischer Metzger wurde verhaftet, weil er verdorbenen Speck außerhalb seiner Wurstküche in einem Korb stehen hatte. Man stellte ihn neben seinen Korb vor seinem Geschäft in der Hauptverkehrsstraße und hängte ihm ein Schild vor die Brust mit dem Hinweis, dass er ein großes Schwein und ein Dreckfink sei.

Ein jüdischer Buchhändler bekam einen Brief mit folgendem Inhalt: Da Juden nicht in der Lage sind, deutsches Kulturgut zu verwalten, bitten wir um baldigste Mitteilung, wann Sie ihr Geschäft zu liquidieren gedenken.

In Leipzig ist Schulkindern gesagt worden, sie sollen sich die Nase zuhalten, wenn sie Juden begegnen, da diese fürchterlich stinken.

Nach dem plötzlichen Tod eines 6-jährigen Kindes wurde behauptet, die Todesursache wäre verdorbene Wurst aus einem jüdischen Kaufhaus. Obwohl die Obduktion der Leiche Lungengrippe und Unterernährung als Todesgrund feststellte, wurde das jüdische Kaufhaus in arische Hände übergehen.

Die Zeit des Nationalsozialismus

> **BESTIMMUNGEN**
>
> Grundstücke dürfen nicht mehr an Juden verkauft werden.
> Firmen, die mit Juden in Verbindung stehen, erhalten keine öffentlichen Aufträge mehr.
> Jeder, der noch in einem jüdischen Geschäft kauft, wird entlassen.
> Juden ist das Betreten des Schwimmbades, der Gaststätte, … verboten.
> Juden werden in Friseurläden nicht mehr bedient.
> Juden dürfen kein Handwerk mehr erlernen.
> Die jüdischen Apothekenbesitzer müssen bis zum 30. Juni ihre Apotheken abgeben.

- Analysiere die einzelnen Dokumente.
- Verdeutliche dir jeweils, was die Bestimmung/der Vorfall für den Betroffenen bedeutet.
- Welches Ziel verfolgen die Nationalsozialisten mit all diesen Aktionen.
- Warum hat die Masse des Volkes nichts gegen solche Willkürmaßnahmen unternommen?
- Gliedere die Terrormaßnahmen gegen die Juden und schreibe Stichworte dazu.

Presse/Plakate	Einzelschicksalle	Bestimmungen

> **TIPP** Gegen Juden gerichtete Aktionen gingen auch nach 1936 in verschärfter Form weiter. Suche in Geschichtsbüchern entsprechende Maßnahmen, vervollständige die obige Tabelle und gestaltet gruppenweise ein „Anti"-Plakat.

Die „Endlösung der Judenfrage"
(aufgezeigt am Beispiel der Juden aus der Stadt Koblenz und einem Tagebuch, wie es damals vermutlich geschrieben worden wäre)

Ab dem 10. November 1938 ging es abwärts. Unsere Synagogen, der Friedhof und viele Wohnungen wurden beschädigt bzw. zerstört. Vollkommen entrechtet gab es bis 1942 über 100 „Sonderrechte für Juden", eine Liste des Grauens und der Unmenschlichkeit: Ein großes „J" im Pass, der Zweitname Sara oder Israel oder der gelbe Stern mit der Aufschrift „Jude", der dich von weitem schon als Jude kennzeichnete sind nur drei der vielen Bestimmungen.

Gestern hat sich ein jüdisches Ehepaar in den Rheinanlagen das Leben genommen, an dem Ort, wo sie sich so gerne aufhielten und was ihnen seit einiger Zeit verwehrt war, denn wir dürfen öffentliche Grünanlagen – eigentlich alle öffentlichen Gebäude – nicht mehr betreten.

Wir mussten in eine sogenannte Judenwohnung umziehen. In dieser 3-Zimmerwohnung leben jetzt 12 Personen aus verschiedenen Familien. Das Miteinander-Auskommen wird bestimmt nicht einfach,

Die Zeit des Nationalsozialismus

eine Intimsphäre gibt es nicht mehr. Immer leben wir mit der Angst, etwas falsch zu machen. Die Gestapo kontrolliert uns und untersucht uns regelmäßig in unregelmäßigen Abständen.

Am 19. März 1942 erhielten wir – wie die anderen jüdischen Familien in unserem Haus – am späten Abend die Nachricht, dass wir alle in zweieinhalb Tagen deportiert werden. 50 Reichsmark und 50 kg Gepäck durften wir mitnehmen, was geschieht mit dem Rest? Am Samstag müssen wir uns in der Turnhalle Steinstraße melden.

In der Turnhalle herrscht ein totales Durcheinander, so viele Menschen, es gibt kein Durchkommen. Jemanden suchen ist zwecklos und dazwischen immer wieder die Gestapo. Ein älterer Mann neben uns wurde zusammengeschlagen, nur weil er den Davidsstern mit einer Nadel befestigt hatte. Am Rand der Halle lag Stroh, ausreichend für ein erbärmliches Nachtlager. Was wir hier sollen, wir wissen es nicht. Die Kunde geht rund, dass wir in ein Arbeitslager gebracht werden sollen.

Am Sonntagmittag um 14:00 Uhr geht der Zug los, von der Steinstraße, die Mosel entlang, am Friedhof vorbei, über die Balduinbrücke bis zum Güterbahnhof Lützel. Überall standen Menschen, die zuschauten, wie wir bewacht wie Schwerverbrecher durch Koblenz getrieben wurden. Als eine alte Frau hinfiel, wurde sie vom Wachpersonal hochgerissen und getreten.

Auf dem Bahnhof nahmen uns die Gestapoleute Geld, Süßigkeiten, Tabletten, einfach alles, was sie gebrauchen konnten, ab. Jetzt besitzen wir nichts mehr, denn Haus- und Wohnungsschlüssel mussten wir schon vor der Abreise bei der Polizei abgeben und dabei unterschreiben, dass wir unser Eigentum dem Staat überlassen. Unser restliches Gepäck wurde in die letzten Waggons verladen. (Sie wurden später abgehängt und blieben in Koblenz. Ebenso wurden alle deportierten Juden amtlich als ausgewandert aufgeführt, die somit die deutsche Staatsbürgerschaft verloren haben.)

Bekannte, die sich von uns bzw. anderen Familien verabschieden wollten, wurden angeschrien und verjagt. Teilweise mussten sie ihre Papiere abgeben und sich am nächsten Morgen bei der Gestapo melden. 337 Koblenzer waren in dem Zug, zusammen mit anderen rund 1000 Menschen. Die verplombten Güterwagen hatten keinerlei sanitäre Anlagen. Kurz vor der Abfahrt erklärte der leitende Gestapobeamte laut und vernehmlich: „So, jetzt haben wir das Mistvieh verladen."

Ziel des Zuges war Izbica in Polen nahe Lublin. Izbica war ein Durchgangslager zu den Vernichtungslagern Belzec und Sobibór.

- Berichte über Einzelheiten des Tagebucheintrages.

- Versuche, die Notlage der betroffenen Menschen zu schildern.

- Wie verfuhr die Gestapo mit den Betroffenen?

- Welche Möglichkeiten der Hilfe hätte es gegeben? Suche für dich eine Antwort.

- Über den Leidensweg der Juden nach Erreichen der Vernichtungslager gibt es viele Berichte. Suche im Geschichtsbuch und ergänze gegebenenfalls das Tagebuch.

> **TIPP**: Was hier über die Koblenzer Juden geschildert wurde, wiederholte sich in fast jeder größeren Stadt. Suche über deine Heimat ähnliche Berichte und fertige ein Plakat an:
> **Das dürfen wir nie vergessen!**

Die Zeit des Nationalsozialismus

❻ Wirtschaft im Nationalsozialismus

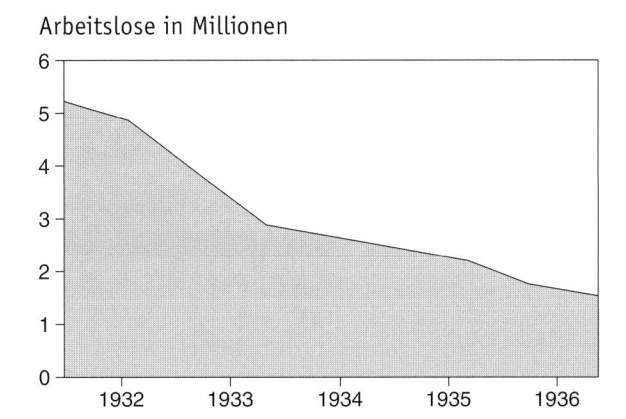

Arbeitslose in Millionen (Diagramm 1932–1936: ca. 5,2 → 4,8 → 2,9 → 2,2 → 1,5)

Hitler in einer Rede (April 1939):
„... ich habe die Produktion auf allen Gebieten unserer Wirtschaft ungeheuer gehoben. Mir ist es gelungen, die uns allen so zu Herzen gehenden Millionen Erwerbslosen restlos wieder in nützliche Produktionen einzubauen."

In einer geheimen Denkschrift erklärte Hitler 1936: *„Unsere nationale Wirtschaft muss vom Ausland unabhängig sein. (...) Die deutsche Wirtschaft muss in vier Jahren kriegsfähig sein."*

Schlagzeilen:
„Wir haben wieder Arbeit und Brot"
„Straßenbahn schafft Arbeit, 400 Menschen eingestellt"
„Spatenstich in Schwerin für den Bau einer Messehalle für 15 000 Menschen"
„Hügel wird abgetragen zur Schaffung von Fußballplätzen"

So sah es wirklich aus:
➤ Die Straßenbahn hatte eine Woche vor der Schlagzeile 400 Angestellte aus früherer Zeit entlassen.
➤ Angelieferte Baumaterialien wurden wieder abtransportiert, zusätzlich eingestellte Arbeiter entlassen.
➤ Ein Arbeiter zu seiner persönlichen Situation: *„Ich war jetzt zweimal vierzehn Tage beschäftigt. Innerhalb von 5 Wochen bin ich zweimal als Neueingestellter veröffentlicht worden und heute bin ich erwerbslos."*
➤ Da, wo flaches Gelände für viele Fußballplätze vorhanden wäre, wird nebenan ein großer Hügel abgetragen, aus Gründen der Arbeitsbeschaffung.

Betriebsproduktion

bis 1933:	ab 1933:
Elektromotoren	Abhorchvorrichtungen
Buchdruckpressen	Pulvermühlen
Wohnmöbel	Kasernenmöbel
Metallwaren	Infanteriegeschosshülsen
Handschuhe	Gasmaskenherstellung
Eisenbahnbau	Lazarett- und Operationswagen

Bei BMW in München wurden 1700 Arbeiter ausgestellt, mit der Zusage, in einigen Monaten wieder arbeiten zu dürfen. Die Ausgestellten erhielten zwar Unterstützung vom Arbeitsamt, wurden aber in keiner Arbeitslosenstatistik geführt. Im Frühjahr wurden sie dann für 86% des früheren Lohnes wieder eingestellt. Junge Leute unter 25 Jahren, die arbeitslos wurden, mussten sich bei der Landhilfe melden. Hier arbeiteten sie dann als billige Arbeitskräfte für Bauern bzw. Großgrundbesitzer.

Die Zeit des Nationalsozialismus

Statistiken:

Jahr	Einfuhr (Milliarden RM)	Ausfuhr (Milliarden RM)
1929	13,45	12,66
1930	10,4	11,33
1931	6,73	9,21
1932	4,67	5,68
1933	4,2	4,87
1934	4,45	4,17
1935	4,16	4,27

Jahr	Arbeitszeit in Stunden
1932	41,5
1933	42,9
1934	44,6
1935	44,4
1936	45,6
1937	46,1

Monatslöhne	1929	1939
Arbeiter	158 RM	152 RM
Angestellte	207 RM	231 RM

Rente	1929	1939
Arbeiter	66 RM	69 RM
Angestellte	37 RM	32 RM

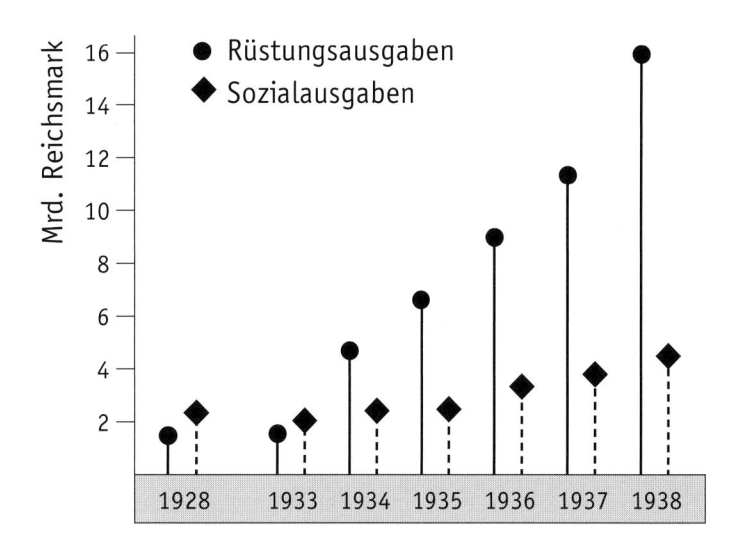

Diagramm: Rüstungsausgaben (●) und Sozialausgaben (◆) in Mrd. Reichsmark, Jahre 1928, 1933, 1934, 1935, 1936, 1937, 1938.

- Interpretiere die statistischen Angaben.
- Erkundige dich, ob diese Angaben einen Wirtschaftsaufschwung rechtfertigen.
- Mit welchen Mitteln versuchen die Nationalsozialisten, die Arbeitslosigkeit zu bekämpfen?
- Welche Ziele verfolgte die Wirtschaftspolitik Hitlers?
- Untersuche Propaganda und Wirklichkeit.
- Ist die Aussage „Hitler hat die Arbeitslosigkeit beseitigt" richtig?
- Heute sagen Historiker: „Die Wirtschaftspolitik der Nationalsozialisten führte den Staat zum Bankrott!" Begründe diese Aussage.

TIPP: Versetze dich in die Lage des Fabrikarbeiters Mayer, der bis 1934 in einer Fabrik arbeitete, die Handschuhe und Bekleidung herstellte. Seit mehreren Monaten werden nur noch Gasmasken und Uniformen geschneidert. Herr Mayer schreibt einen Brief: *Ob das richtig ist?*

MERKE

Nach der Machtübernahme suchten die Nationalsozialisten durch die ...., alle Menschen in die nationalsozialistische .... einzugliedern. Mit .... und .... wurden die Menschen eingeschüchtert. Jeder .... wurde bereits im Keim erstickt. Betroffene Menschen wurden in .... eingeliefert. Radikal und menschenverachtend gingen die Nationalsozialisten vor allem gegen die .... vor. Deren endgültige Vernichtung wurde unter dem Schlagwort „........................" angekündigt. Die Zahl der .... ging zwar zurück, aber die gesamte Wirtschaft verfolgte nur ein Ziel: Vorbereitung zum ....

6 Der Zweite Weltkrieg

40

① Außenpolitische Zielsetzungen der Nationalsozialisten

Aussagen Adolf Hitlers:

„Nur ein genügend großer Raum auf dieser Erde sichert einem Volk die Freiheit des Daseins."

„Die Angliederung Österreichs und der Tschechei an Deutschland bedeutet militärisch eine wesentliche Entlastung. Zur Lösung der deutschen Frage kann es nur den Weg der Gewalt geben."

„Man muss jetzt dem Volk klarmachen, dass es Dinge gibt, die mit friedlichen Mitteln nicht durchgesetzt werden können."

„Auch Rohstoffgebiete sind zweckmäßigerweise in unmittelbarem Anschluss an das Reich in Europa und nicht in Übersee zu suchen."

„Die Stunde ist gekommen, wir treten an die Urne. Alle Versuche, uns unserem Volkstum zu entfremden, sind gescheitert. Was Gott zusammengefügt, soll der Mensch nicht trennen."

„Es ist mein unabänderlicher Entschluss, die Tschechoslowakei durch eine militärische Aktion zu zerschlagen."

(Karte: Deutschland mit Berlin, Memelgebiet, Polen, Rheinland, Saargebiet, Sudetenland, Böhmen und Mähren, Österreich, Wehrpflicht)

- Deute die Hinweise auf der Karte und schlage im Geschichtsbuch die entsprechenden Ereignisse nach.
- Trage die dem Deutschen Reich eingegliederten Gebiete mit Farbe in die Karte ein.
- Welche außenpolitischen Ziele verfolgten die Nationalsozialisten?
- Suche Begründungen für die „Anschlussmaßnahmen".
- Informiere dich, wie die europäischen Staaten auf die Annexionen reagierten.

Der Zweite Weltkrieg

41

❷ Der Zweite Weltkrieg im Überblick

[Karte von Europa mit markierten Orten: Narvik, Dünkirchen, Compiègne, Berlin, Warschau, Moskau, Stalingrad]

1939 Angriff auf Polen; Aufteilung Polens; Eintritt der Westmächte in den Krieg
1940 Besetzung Dänemarks und Norwegens; Westoffensive; Besetzung Belgiens und der Niederlande; Waffenstillstand mit Frankreich
1941 Besetzung Jugoslawiens und Griechenlands; Überfall auf die Sowjetunion; Kriegseintritt der USA
1942 Vormarsch im Osten
1943 Kapitulation in Stalingrad; Rückzug im Osten
1944 Landung der Alliierten in der Normandie; Rückzug im Osten und Westen
1945 bedingungslose Kapitulation

Legende:
- ☐ Deutsches Reich bis 1942
- ☐ von Deutschland besetzte Gebiete
- ☐ Verbündete Deutschlands
- ☐ von Verbündeten besetzte Gebiete
- ☐ neutrale Staaten
- ☐ alliierte Staaten

- Fülle die Karte entsprechend den Angaben farbig aus. Ergänze fehlende Grenzen.
- Welche beiden Ereignisse sind kriegsentscheidend?

TIPP Erstellt eine Klassendokumentation: *Der Zweite Weltkrieg in Europa*. Teilt die Klasse dazu in Gruppen und bearbeitet jeweils ein Kriegsjahr. Sucht (im Internet/in Geschichtsbüchern) nach Bildern und Informationen und bereitet die Dokumentation vor.

Der Zweite Weltkrieg

❸ Menschen im Zweiten Weltkrieg – Momentaufnahmen

„Die Entscheidung mich freiwillig zu den ‚Stukas' zu melden, wurde weniger durch Eltern und Lehrer, sondern durch meine Kameraden beeinflusst. Als der Polenfeldzug begann, leerten sich die Klassen. Ich wollte keine Extrawurst. Wenn die anderen sich melden, melde ich mich auch. Das gehört einfach zu unserer Gemeinschaft. Sich zu drücken, das gab es nicht."

„Unser einziger geliebter Junge, ..., starb im blühenden Alter von 19 Jahren am 10. September bei den schweren Kämpfen im Osten den Heldentod für Führer und Volk."

„In begeistertem und pflichterfülltem Einsatz für Deutschlands Freiheit fand am 7. Oktober bei einem Spähtruppunternehmen unser geliebter Sohn, Bruder und Neffe .... den Heldentod."

„Ich hörte Geschrei im Dorf, es wurde geschossen. Handgranaten explodierten, Häuser brannten. Die Bevölkerung wurde in die Kirche getrieben, die Türen verriegelt, Heuballen um die Holzkirche gelegt. Benzin wurde darübergeschüttet und das Heu angezündet. Handgranaten wurden durch die Fenster in die Kirche geworfen. Meine Mutter und Schwester waren da drin."

„Das Kriegsgefangenenlager bestand aus einem mit Stacheldraht umzäunten freien Gelände ohne Baracken und sanitäre Einrichtungen. Wir vegetierten bis in den Winter hinein in Gräben und Erdlöchern. Viele waren zu schwach, um sich Erdlöcher zu bauen und sind erfroren. Da es nichts zu essen gab, hatten wir nach wenigen Tagen das Gras aufgegessen, das es auf dem Gelände gab."

„Der Luftangriff war in vollem Gange. Eine dichte Rauchwolke stieg wie ein Pilz aus der betroffenen Stadt empor. Wie ein Schwarm rasender Hornissen stieg das Flugabwehrfeuer zu uns herauf. Es schien mir in diesem Moment unmöglich, dass ein Flugzeug diesem Toben entkommen könnte. Aber ich sah, wie sie sich zu Hunderten anscheinend unbeirrt und furchtlos ihren Weg durch die Masse feuerroten Stahls nahmen. Selbst ein Abschuss, der eine lange feurige Kurve bis zur Erde mit sich zog, konnte uns nicht aufhalten, die geladenen Bomben fallen zu lassen."

„Mit zahlreichen Vorkehrungen suchten wir unser Haus, vor den befürchteten Luftangriffen zu schützen: Sandsäcke vor den Fenstern gegen Druckwellen, verklebte Fenster, um Schäden durch Glassplitter zu vermeiden, besonders dicke Vorhänge zur Verdunkelung, Eingang durch Obstkisten voll Erde und Schutzzaun gesichert, Ritzen in Wänden und Böden mit Papier abgedichtet, Wasser und Handspritze zum Löschen von Bränden, Schaufel mit Sand gegen Brandbomben, Verbandszeug ..."

Der 2. Januar 1945 gilt als der schwärzeste Tag der Stadt Mayen. In den Vormittagsstunden näherten sich 68 viermotorige B-17 Bomber, die einen wahren Bombenteppich über der Stadt abwarfen. Eine riesige Rauch- und Staubwolke stieg in Richtung Himmel. Sie lag stundenlang über der Stadt. Ganze Straßenzüge der Innenstadt waren nicht mehr wiederzuerkennen. Trümmerhaufen, Gebäudereste, Bombentrichter soweit die Augen reichten. Noch mehrere Tage wüteten Flächenbrände im Stadtgebiet. Da die Hauptversorgung an etwa 70 Stellen von Bomben getroffen und unterbrochen wurde, war kein Löschwasser vorhanden. So wurden auch andere, nicht zerstörte Häuser mit in die Katastrophe gezogen.
Menschen, die in Kellern Zuflucht gesucht hatten, wurden verschüttet und starben, da die Gebäude den schweren Bombenabwürfen nicht standhielten. Dass die Gesamtzahl der Toten an diesem 2. Januar „nur" 159 Mayener und 41 Fremde betrug, verdankte die Stadt dem großen Burgbunker unter der Genovevaburg.
In der Nacht wurde der Befehl zur vollständigen Evakuierung der Stadt gegeben und Mayen zur „toten Stadt" erklärt. Von rund 1800 Häusern blieben nur 147 unbeschädigt.

Der Zweite Weltkrieg

43

„Die Stadt ist bis zum letzten Mann zu verteidigen."
Mit 400 zusammengetrommelten Soldaten sollte dieses Kunststück geschehen. An allen wichtigen Stadteinfahrten wurden Panzersperren eingerichtet. Jeder Greis und jeder Knabe, der in der Lage war, eine Panzerfaust zu halten, sollte zur Verteidigung herangeholt werden. Häuser entlang der Hauptverkehrsstraße, egal ob beschädigt oder erhalten, wurden zur Sprengung vorbereitet.

„Jeder Mann von 16–65 Jahren, der nicht als Soldat im Feld kämpft, gehört zum Volkssturm."
Schlecht ausgerüstet, meist mit erbeuteten Waffen und wenig Munition, ohne richtige Verpflegung, teilweise mit Halbschuhen zogen sie in den Kampf. Nicht selten kämpften Großvater und Enkel nebeneinander. Der Volkssturm konnte zwar den Siegeszug der Alliierten nicht aufhalten, aber oft wurde er gestoppt. So z.B. in Ostpreußen, wo Volkssturmmänner 14 Tage lang, verstärkt durch polnische Truppen, zwei sowjetische Panzerdivisionen aufhielten und so über 80 000 Menschen die Flucht über die Ostsee ermöglichten.

Im Februar 1943 wurden die ersten Luftwaffenhelfer der Jahrgänge 1926/27 im Rahmen der Heranziehung von Schülern zum Kriegshilfseinsatz in der Luftwaffe eingezogen. Am 1. März 1943 starben die ersten 6 Schüler in Berlin bei einem Volltreffer in ihre Batterie.
Schon Tage nach der Einberufung nahmen die jungen Helfer fast alle Funktionen wahr: Sie hockten als Richtschützen hinter den Kanonen, bedienten Kommandogeräte und Scheinwerfer oder taten in den Gefechtsständen Dienst. Teilweise wurden sie sogar schnell zum Geschützführer bestimmt. Neben der Schule taten sie Dienst in den Stellungen, bis sie vor Müdigkeit umfielen. Sie warteten, kämpften und froren, wurden verletzt und starben.

- Suche für jeden der Momentaufnahmen eine passende Überschrift.
- Wie wird die freiwillige Meldung zum Kriegsdienst begründet?
- Erläutere die Todesanzeigen.
- Berichte über Vergeltungsmaßnahmen. Sind diese gerechtfertigt?
- Was erfährst du über die Behandlung von Kriegsgefangenen.
- Welche Gedanken bewegen den Piloten des Bombers?
- Wie versuchen Menschen, ihr Hab und Gut zu schützen? Erstelle eine Skizze.
- Was bedeuten Luftangriffe für die betroffenen Menschen?
- Berichte über den verzweifelten Versuch, mit Jugendlichen und Greisen das Deutsche Reich zu verteidigen.

TIPP
Versetze dich in die Lage von Tobias, einem 16-jährigen Luftwaffenhelfer in einer Flakbatterie. Schreibe einen typischen Tagebucheintrag, bei dem nicht nur die Aktionen, sondern auch die Gefühle zum Ausdruck kommen: *Morgens Schule – nachmittags Flugabwehr!* Zerstörungen gab es nicht nur in größeren Städten, sondern, wie das Beispiel Mayen zeigt, auch in kleineren, militärisch unbedeutenden Orten. Suche Berichte über Zerstörungen in deinem Heimatbereich und erstelle dazu eine Wandzeitung.

Der Zweite Weltkrieg

❹ Folgen des Krieges

Mit der bedingungslosen Kapitulation änderte sich die Landkarte Mitteleuropas grundlegend:

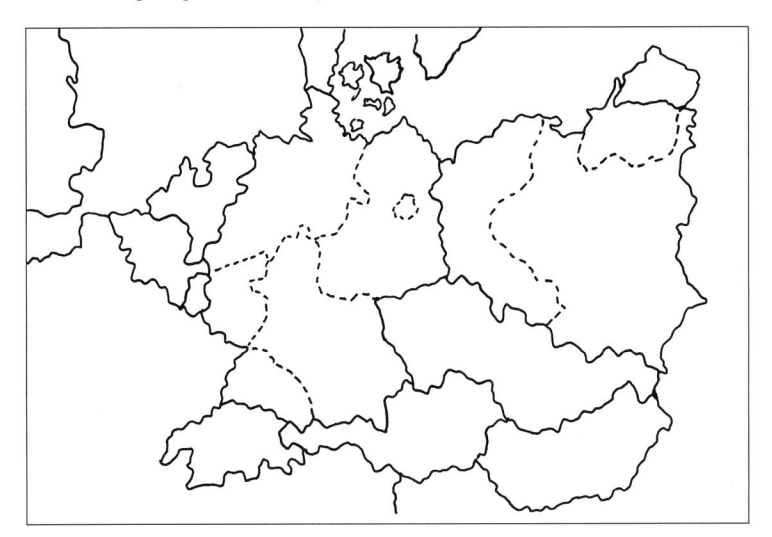

Besatzungszonen in Deutschland

- ☐ amerikanisch
- ☐ britisch
- ☐ französisch
- ☐ sowjetisch
- ☐ unter polnischer Verwaltung
- ☐ unter sowjetischer Verwaltung

- Trage die Besatzungszonen farbig ein.
- Ergänze die Ländernamen.
- Welche Gebiete verlor das Deutsche Reich.
- Auf welcher Konferenz wurde dies festgelegt?
- Welche Bestimmungen wurden für Berlin getroffen?
- Welche sonstigen Auflagen enthielt der Vertrag?

Die Folgen des 2. Weltkrieges für die Menschen werden aus folgenden Berichten ersichtlich:

> 6. August 1945 – Abwurf der Atombombe auf Hiroshima – 13 km² Fläche total zerstört – 75 000–100 000 Menschen verlieren sofort ihr Leben – Tausende zerfallen zu Asche, werden von herumfliegenden Gebäudeteilen erschlagen, ertrinken in den hohen Wellen, die ihnen aus dem Druck der Flüsse entgegenschlagen – Tausende werden verstrahlt.
>
> Am 56. Jahrestag des Abwurfs wurde das Ehrenmal für die Opfer der Atombombe um weitere 4757 Namen ergänzt – Menschen, die an den Spätfolgen des Atombombenangriffs gelitten haben und im letzten Jahr gestorben sind. Damit erhöht sich die Gesamtzahl der Getöteten auf 221 893 Menschen.

Über 14 Millionen Menschen sind aus deutschen Provinzen oder Siedlungsgebieten (Ostpreußen, Polen, Sudetenland, ...) geflohen oder vertrieben worden:

Erzählbericht 1

> „Wir besaßen eine große Ziegelei in der Nähe von Seeburg, Ostpreußen. Die Russen hatten schon unseren Vater mitgenommen und in ein Arbeitslager verschleppt. Meine drei ältesten Brüder waren als Soldaten im Krieg. Meine Mutter, mein jüngster Bruder und ich versteckten uns vor den Russen im Wald. Wir hatten Angst, dass sie auch unseren 12-jährigen Bruder mitnehmen. Meine Mutter hatte ihn so angezogen, dass er noch wie ein kleines Kind aussah. Einmal waren die Russen hinter mir her. In meiner Not versteckte ich mich hinter einem großen Baum und betete um Hilfe. Sie liefen vorbei und ich konnte in unser Versteck zurück. Nachts trauten wir uns in den Schuppen, wo Nahrungsmittel versteckt lagen. Als die direkte Front weitergezogen war, packten wir Hals über Kopf unsere Sachen zusammen und machten uns mit einem Pferdefuhrwerk auf den Weg Richtung Ostsee. Wir nahmen nur das Notwendigste mit. Zunächst hatten wir Glück, denn wir brauchten nicht zu laufen. Bald aber wurden alle Sachen, die nicht unbedingt nötig waren, vom Fuhrwerk geworfen, um Platz für Kranke und Menschen, die vor Erschöpfung nicht mehr laufen konnten, zu schaffen. Als wir endlich nach Wochen den Hafen erreichten, verloren wir uns in dem ganzen Durcheinander aus den Augen."

Der Zweite Weltkrieg

Erzählbericht 2

„In mühevoller Arbeit hatten wir unser Haus im Sudetenland wieder wohnfähig gemacht. Im Juni 1945 wurden wir vollkommen überraschend ausgewiesen. Innerhalb von 15 Minuten sollten wir unser Hab und Gut zusammenräumen und uns gemeinsam mit all den anderen deutschen Bewohnern des Ortes auf den Weg nach Deutschland machen. Ich schnappte meinen Enkelsohn, trug ihn die Treppe hinunter und gab ihn meiner Tochter. Diese hatte die wichtigsten Papiere in den Kinderwagen gelegt, dazu etwas Schmuck und Lebensmittel. Ich hetzte nach oben, um Kleidung zu holen. Beim zweiten Mal, als ich noch meinen Mantel holen wollte, schickte mich der Tscheche zurück: ‚Die 15 Minuten sind um, los ab nach Deutschland …'".

- Berichte über die verheerenden Auswirkungen der Atombombe.
- Erkundige dich, welche Folgen eine über Frankfurt abgeworfene Atombombe für die Region hätte.
- Was bedeutet Flucht oder Vertreibung für die betroffenen Menschen?
- Wer aus deiner Klasse hat Verwandte, die nach dem 2. Weltkrieg vertrieben wurden oder fliehen mussten? Erstelle eine Liste der ehemaligen Wohnorte.

Alltagsprobleme der deutschen Bevölkerung

Nach dem Ende des Krieges hing über vielen Städten noch der Geruch von Leichen, die unter Trümmern lagen oder von Steinen begraben waren. Ratten und Fliegen waren eine wahre Plage. Unterernährung und infiziertes Wasser führten zu Typhus und Ruhr. Die Krätze verbreitete sich. Selbstgebrannter Kartoffel- und Rübenschnaps machte hunderte von Menschen krank. Die Zahl der Geschlechtskrankheiten war hoch, die Sterblichkeitsrate bei Säuglingen enorm; in der britischen Besatzungszone starb z.B. jedes 6. Neugeborene in der ersten Woche.

Winter 1946: Haushaltskohle war Mangelware, jedes Kilogramm wurde für die spärliche Stromversorgung, für die Wirtschaft und die Züge benötigt. In den Rangierbahnhöfen hingen junge Männer in abenteuerlicher Weise an Brücken, um irgendwie Kohlen nach oben zu ziehen, während die Züge unter ihnen vorbeifuhren. Alte Männer verbrachten den Tag damit, Stümpfe von zersprengten Bäumen auszugraben und zu Brennholz zu zerhacken. Ganze Straßenalleen, die den Krieg überstanden hatten, wurden zu Brennholz verarbeitet. Kinder buddelten in zerfallenen Häusern nach Holzresten, die man auf teilweise abenteuerlich zusammengebauten Öfen verfeuern konnte.

Ebenso schlecht war die Versorgung mit Lebensmitteln. Eine typische Tagesration für einen Deutschen im Ruhrgebiet betrug: 2 Scheiben Brot mit einem dünnen Häutchen Margarine, ein Löffel Milchsuppe, 2 kleine Kartoffeln. Viele Leute standen stundenlang an, um dann zu erfahren, dass die Ration für heute verbraucht sei.

Die Menschen wussten sich nicht mehr zu helfen. In ihrer Not überfielen sie Kohlezüge und Lebensmittellager, sie schleppten so viel weg, wie sie nur tragen konnten.

Unter diesen Voraussetzungen blühte vor allem der Schwarzmarkt. Vor allem in Städten wurde auf der Straße alles verkauft oder getauscht, was essbar oder irgendwie wertvoll war. Richtige „Tauschzentralen" wurden eingerichtet. Begehrt waren vor allem Seife, Kaffee, Tee, Zigaretten, Nylonstrümpfe, Fett und Nahrungsmittel; dafür wurden die letzten Besitztümer hergegeben, auch solche, die man mühsam über den Krieg gerettet hatte. Viele Deutsche gingen über Land auf Hamstertouren, um bei den Bauern ihren letzten, oft kümmerlichen, Besitz gegen Nahrungsmittel einzutauschen. Die Hamsterzüge, mit auf den Trittbrettern stehenden Menschen sind vielen bis heute in Erinnerung geblieben.

Der Zweite Weltkrieg

46

- Schildere die direkte Nachkriegssituation der Menschen in Deutschland.
- Erkläre die Begriffe *Schwarzmarkt, Hamsterfahrten, Trümmerfrauen*.
- Wie versuchten die Menschen, an Heizmaterial und Nahrungsmittel zu gelangen?

> **TIPP** Sucht Zeitzeugen für die Not in der direkten Nachkriegszeit. Ladet diese in die Klasse ein und befragt sie. Erstellt dann ein Plakat mit Bildern und Erlebnissen zu dem Thema: *Auch nach dem Krieg ist die Not der Menschen groß!*

MERKE

Der 2. Weltkrieg begann .... mit dem Überfall des Deutschen Reiches auf .... Nach der .... wurde mit Frankreich ein .... abgeschlossen. Gemäß den außenpolitischen Zielen Hitlers, ... zu schaffen, überfiel er 1941 die .... Mit der Niederlage bei .... und der Landung der Alliierten in der .... begann der Rückzug der deutschen Armeen. Ganz Deutschland litt unter dem .... der Alliierten. Nach der .... im Mai 1945 gab es in Deutschland ...., ..., Flucht und ....

- Gestalte ein ähnliches Plakat zum Thema: Hamsterfahrten.

Der Zweite Weltkrieg

5 Rätsel

waagerecht:
- 2 Einheitsgewerkschaft
- 4 Reichsbezeichnung
- 6 Partei Hitlers
- 7 Stadt des Hitlerputsches
- 8 Gebietsbezeichnung
- 9 Schutzmittel bei Luftangriff
- 10 Abkürzung Sturmabteilung
- 11 Propagandabegriff für „Volk"
- 13 Abkürzung: Oberste Heeresleitung
- 14 militärischer Begriff: „Aufmerksamkeit"
- 15 Kampf mit Flugzeugen
- 16 Bezeichnung für Gefangenenlager
- 17 gegnerische Verbündete
- 18 Druckmittel
- 19 Stadt in Russland
- 21 deutscher General (Stalingrad)
- 22 Erster Gegner des Deutschen Reiches
- 23 Abkürzung: Kraft durch Freude
- 24 Propaganda für Kriegsziel Hitlers
- 25 Ausdruck für Bewegung
- 26 Attentäter gegen Hitler
- 27 Kriegsgegner
- 28 Parteiführer auf Ortsebene
- 29 Kriegsflugzeug
- 30 Geheimpolizei
- 31 Fahrt aufs Land zur Besorgung von Lebensmitteln
- 32 Propagandaminister Hitlers
- 33 Zielgruppe der NS-Erziehung
- 34 Gemeinschaftsdienst nach der Schule
- 35 Bezeichnung der Art und Weise der ersten Kriegserfolge

senkrecht:
- 1 Jugendorganisation
- 3 Gesetz zu Beginn der Machtergreifung
- 5 .... durch Freude
- 10 Abstimmungsgebiet
- 12 Aufseher für ein Wohnhaus
- 19 Hetzblatt (Hrsg. Julius Streicher)
- 20 Verstärkung der militärischen Macht

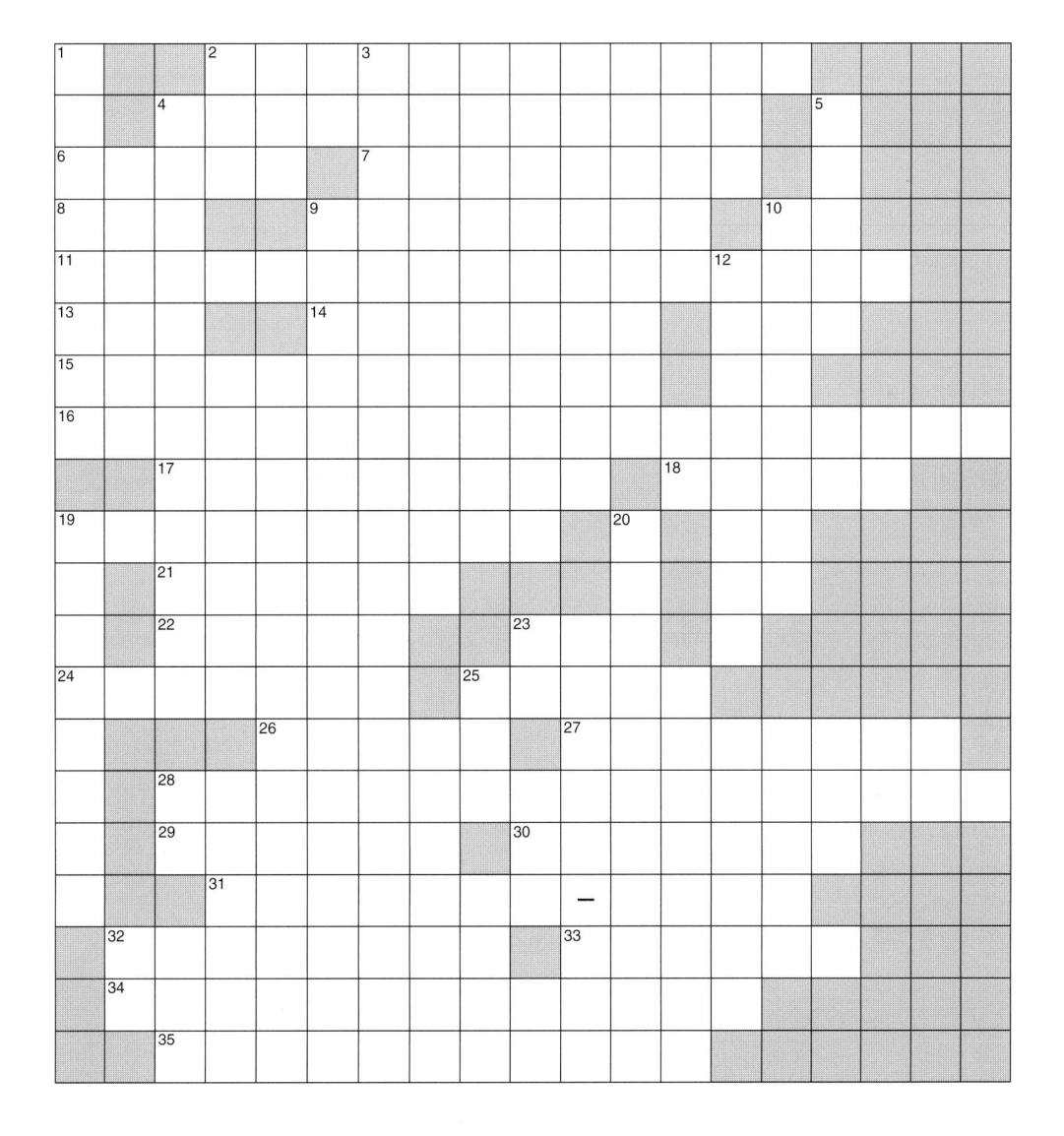

LÖSUNGSWORT: ___ ___ ___ ___ ___ ___ ___ ___ ___ ___ ___ ___ ___ ___ ___
11 28 15 23 19 3 7 21 4 14 24 6 32 26 14

7 Die Entstehung der Bundesrepublik

❶ Die Währungsreform

> **Reportage 1: Sonntag, 20. Juni 1948 – Köln am frühen Nachmittag**
>
> Tausende von Menschen füllen die Innenstadt. Menschenschlangen, die teilweise mehr als 100 m lang sind, bilden sich vor den notdürftig instand gesetzten Schulen oder anderen öffentlichen Gebäuden. Stundenlang warten die Menschen, genau wie sie es aus den Kriegszeiten gewohnt sind, ohne Murren und Drängen. Nur langsam geht es Richtung Eingang voran, wo bewaffnete Schutzpolizisten das Kommen und Gehen überwachen. Stark bewaffnete Polizeikräfte hatten in den vergangenen Tagen die riesigen Geldtransporte aus den Banktresoren zu den Umtauschstellen begleitet. Umtauschen – deshalb warten die Menschen. Heute am Sonntag gibt es das „Kopfgeld". Jeder erhält 40 neue Deutsche Mark. Endlich im Gebäude angekommen geht es schneller: Formular ausfüllen, Unterschrift, Geldempfang. Ein erster skeptischer Blick auf die neuen Scheine. Wie sehen sie aus, welche Farbe und Form haben sie. Man hält sie ins Licht und sucht nach Wasserzeichen oder anderen Merkmalen. Skeptisch aber auch froh verlassen die Menschen die Umtauschstellen. Für ehrliche Arbeit wieder ehrliches Geld, so haben es die Zeitungen angekündigt. Ob das stimmen wird?

> **Reportage 2: Montag, 21. Juni 1948 – Hamburg am Vormittag**
>
> Wie von Zauberhand geschaffen, haben sich über Nacht die Schaufenstereinlagen der Geschäfte verändert. Was noch gestern als unerschwinglich galt, ist heute da. Die Geschäfte quellen über, wie im Traum schauen die Menschen nach den Auslagen. Zum ersten Mal seit Jahren sehen sie Porzellan, Steingut, Tassen, Teller, Bestecke, Scheren, Herde und Öfen, Haushaltsmaschinen und elektrische Wärmgeräte, Fahrräder, Reifen, Ersatzteile, Bettgestelle und Radiogeräte, sogar kosmetische Qualitätsprodukte wieder in den Geschäften.
> Neben dem Staunen schimpfen nicht wenige über Schiebereien und Hortungen. Die Händler bedienen die Menschen wieder freundlich und nicht wie in den letzten Monaten, wo es oft schien, als seien sie froh über jeden, den sie mit einem Achselzucken aus dem Laden bekamen. Nur ist für den normalen Bürger mit 40 DM in der Tasche vieles nicht bezahlbar. Hausfrauen freuen sich über frisches Gemüse zu erschwinglichen Preisen, Männer erstehen einfache Dinge, die sie für dringende Reparaturen brauchen. Die Laune der Menschen wird besser.

- Berichte von dem Umtauschsonntag.
- Jeder erhält 40 DM. Sind damit alle Menschen gleich ausgestattet?
- Was geschieht am Tag nach der Währungsreform?
- Wo kommen die gesuchten Waren her?
- Warum sind trotz der neuen Situation viele Menschen skeptisch?

> Am 26. Juni 1948 führt die sowjetische Besatzungsmacht auch in ihrer Zone eine Währungsreform durch; die Ostmark wird eingeführt.

- Was bedeuten DM (für die drei Westzonen) und Ostmark (für die Ostzone) für die weitere Zukunft Deutschlands?

Die Entstehung der Bundesrepublik

❷ Der Marshall-Plan

> Ein englischer Abgeordneter:
> *Der größte Witz der Geschichte ist, dass wir im Krieg ein Land besiegen und dann unsere eigenen Steuerzahler auffordern, große Summen von Pfund zu zahlen, um es wieder auf die Beine zu stellen.*
>
> Eine amerikanische Studie erklärt Anfang 1947:
> *Die Gesundung Europas führt nur über die Erhöhung der Produktion. Die gesamte Europawirtschaft ist mit der deutschen Wirtschaft durch den Austausch von Rohstoffen und Fertigwaren eng verknüpft. Folglich muss Deutschland selbst zu der Erhöhung der Produktion beitragen können.*
>
> Der amerikanische Außenminister Marshall erklärt im Juni 1947:
> *Die Bedürfnisse Europas an Lebensmitteln sind in den nächsten Jahren um vieles größer als die Fähigkeit, auch dafür zahlen zu können. Die Vereinigten Staaten möchten alles tun, damit gesunde wirtschaftliche Verhältnisse in der Welt gefördert werden. Unsere Politik ist gegen Hunger, Armut, Verzweiflung und Chaos gerichtet.*

Die USA erklärten sich bereit, umfangreiche Geldmittel zur Verfügung zu stellen, falls die europäischen Staaten sich über einen gemeinsamen Aufbauplan geeinigt hätten.
16 westeuropäische Staaten beschlossen ihren Beitritt zum Marshall-Plan und gründeten eine Organisation für europäische und wirtschaftliche Zusammenarbeit. Die Sowjetunion und die anderen Ostblockstaaten lehnten einen Beitritt zum Marshall-Plan ab.

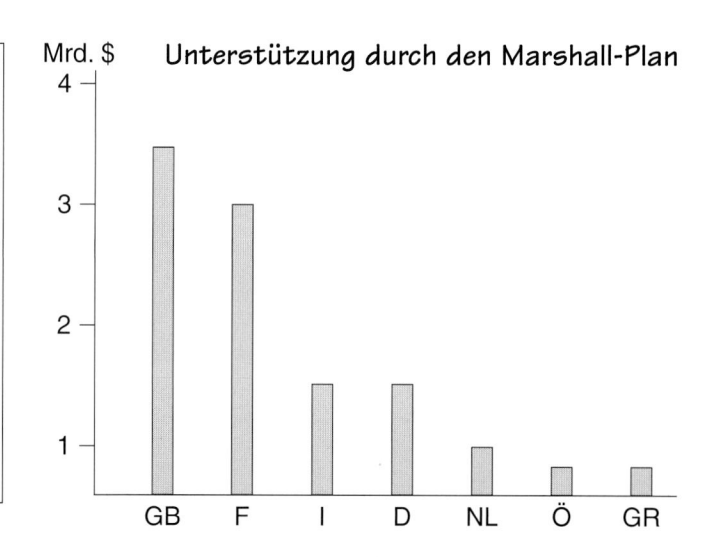

Unterstützung durch den Marshall-Plan (Mrd. $)

GB	F	I	D	NL	Ö	GR
~3,5	3	1,5	1,5	1	0,8	0,8

- Welche unterschiedlichen Positionen gibt es für den Wiederaufbau Deutschlands?
- Wie sehen die USA die Situation in Europa und Deutschland?
- Wie groß ist der Umfang der amerikanischen Finanzhilfe?
- Warum lehnen die Ostblockstaaten diese Hilfe ab?
- Haben die USA mit dem Marshall-Plan ihr Ziel erreicht?

> **TIPP** Auch heute gibt es Diskussionen, ob man nach einem Krieg Geld für den Wiederaufbau des Landes zur Verfügung stellen soll (Beispiel Afghanistan, Irak) und wie hoch diese Gelder sein müssten. Erstelle dazu ein Plakat.

Der Marshall-Plan war nicht die einzige Hilfe, die Deutschland nach dem Krieg zur Verfügung gestellt wurde. Schulspeisung und Care-Pakete sind zwei weitere wichtige Hilfsleistungen für viele deutsche Familien.

- Suche entsprechende Berichte und schreibe zu jeder Hilfsart einen Tagebucheintrag: *„So wurde mir (uns) geholfen"*. Ihr könnt natürlich auch Zeitzeugen dazu befragen.

Die Entstehung der Bundesrepublik

❸ Die Berlin-Blockade

Nach zahlreichen vorausgegangenen Verkehrsbehinderungen sperrt die Sowjetunion die westlichen Sektoren Berlins völlig ab.

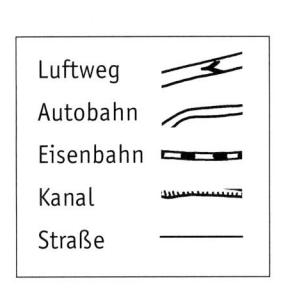

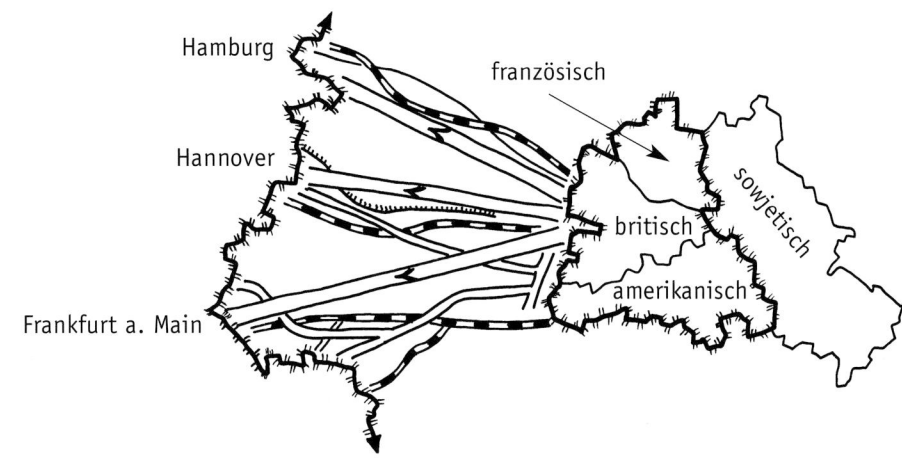

```
Luftweg
Autobahn
Eisenbahn
Kanal
Straße
```

Hamburg, Hannover, Frankfurt a. Main, französisch, britisch, amerikanisch, sowjetisch

- Male die Verkehrswege farbig aus.
- Markiere das sowjetische Herrschaftsgebiet in einer Farbe, die drei westlichen Zonen in einer anderen. Was wird jetzt sichtbar?
- Welche Verbindung besteht noch zwischen dem Westen und Berlin?

Gespräch in einer Berliner Kneipe, Anfang Juli 1948

Pit: *Da haben wir den Salat! Die Russen ziehen das tatsächlich durch! Und wer muss es ausbaden? Natürlich wir, der kleine Mann!*

Paul: *Auch ich bin erbost, nicht nur über die Blockade der Russen, die ganz Berlin absperren. Ich fasse es nicht.*

Harry: *Du hast Recht! Ich komme mir vor, wie ein Tier im Zoo, ein großer Käfig mit viel Auslauf und dann der Zaun. Aber was meinst du mit „nicht nur über die Russen bin ich erbost"?*

Paul: *Na, die trostlose Reaktion der Berliner Stadtkommandanten! Toll, sie haben protestiert und was nützt es? Die Russen spielen doch mit denen Katz und Maus.*

Pit: *Aber was sollen die Alliierten denn machen? Für die Russen ist es ganz einfach. Berlin liegt mitten in ihrem Gebiet. Sie brauchen nur die Verkehrsverbindungen nach dem Westen unterbrechen und abriegeln und dann passiert bei uns nichts mehr.*

Harry: *Logisch, ohne großen Aufwand, wenige Soldaten reichen.*

Karl: *Ich gebe Pit Recht! Wollt ihr denn, dass es wegen der Blockade wieder Krieg gibt? Nein danke!*

Paul: *Was ist aber die Alternative? Sollen die Alliierten die Währungsreform zurücknehmen und die neue DM wieder einziehen? Darauf warten die Russen doch nur.*

Pit: *Das glaube ich auch. Die Russen denken doch, dass die Amis wegen Berlin keinen Krieg riskieren. Sie protestieren und werden sich dann langsam aus Berlin zurückziehen. Und die Russen kassieren uns dann!*

Karl: *Welch eine Vorstellung! Wenn ich daran denke, was die Russen in ihrer Zone alles angestellt haben.*

Harry: *Ihr malt den Teufel an die Wand. Ich bin fest davon überzeugt, dass uns die Amerikaner, Engländer und Franzosen nicht fallen lassen. Es geht um die politische Glaubwürdigkeit. Es ist gut und richtig, dass wir die Währungsreform haben. Endlich werden wieder Sachen angeboten, die wir so lange entbehren mussten.*

Die Entstehung der Bundesrepublik

Gespräch in einer Berliner Kneipe, Anfang Juli 1948 (Fortsetzung)

Paul: *Ich stimme dir zu, Harry! Der Osten hat ja nachgezogen, die haben jetzt auch ihr eigenes Geld.*

Karl: *Also wird keiner das Gebiet hergeben, welches er jetzt beherrscht oder besser gesagt verwaltet.*

Pit: *Darauf könnten wir eigentlich anstoßen, wenn wir nicht die leidigen Folgen ausbaden müssten.*

Paul: *Ich denke auch, dass schlimme Zeiten auf uns zukommen. Keine Lebensmittel, keine Kohle, kein Strom, keine Waren, keine Maschinen zum Aufbau und keine Verkehrswege mehr. Das hemmt ...*

Karl: *Und schweißt hoffentlich zusammen! Hört, was ist das denn für ein Motorengeräusch?*

Harry: *Das ist garantiert wieder einer von diesen Rosinenbombern. Ich hätte nie gedacht, dass ich mich so über amerikanische oder britische Flugzeuge freuen werde. Kommt mit, wir schauen uns das mal draußen an!*

Paul: *Mensch, das sind ja riesige Transportmaschinen. Die Alliierten machen Gott sei Dank wirklich Ernst mit ihrer Hilfe. Amerikanische und britische Transportflugzeuge sollen in pausenlosem Einsatz lebenswichtige Güter nach West-Berlin bringen.*

Pit: *Ob das aber für die Versorgung einer Millionenstadt reichen wird? Ich bin da eher skeptisch ...*

Karl: *Egal wie es ausgeht! Wir zeigen den Russen die Zähne. Lieber ...*

- Worüber unterhalten sich die Freunde bei ihrem Kneipenbesuch?
- Was sind die Ursachen der Blockade, was ist der Anlass?
- Welche Befürchtungen haben die Menschen?
- Welche Hoffnungen zeigen sie?
- Was will Karl am Ende wohl sagen: „Lieber ..."?

TIPP: Karl meint, „das schweißt hoffentlich zusammen". Erkundige dich in Geschichtsbüchern, ob diese Einschätzung richtig ist und erstelle eine Reportage unter dem Titel: Die tapfere Bevölkerung der Inselstadt.

Statistisches zur Luftbrücke

- ca. 212 000 Flüge
- 1,7 Mio. Tonnen Güter
- 1 090 000 t Kohle
- 480 000 t Lebensmittel
- 27 Flugzeuge gingen verloren
- 78 Menschen verunglückten tödlich (31 Amerikaner, 39 Briten und 8 Angehörige des deutschen Hilfswerkes)
- Ende der Blockade: Mai 1949

- Werte die statistischen Daten zur Luftbrücke aus.
- Warum beendet die Sowjetunion im Mai 1949 die Blockade?

Die Entstehung der Bundesrepublik

❹ Die Entstehung der beiden deutschen Staaten

Nach dem Zusammenbruch der Zweckkoalition der Siegermächte wurden ihre unterschiedlichen deutschlandpolitischen Zielsetzungen deutlich und fanden im Jahr 1949 ihren Höhepunkt.

- Trage in die Karte das Staatsgebiet der Bundesrepublik und der DDR ein.
- Markiere die gemeinsame Grenze.
- Trage die Hauptstädte ein.
- Welche Ziele verfolgten die Westmächte?
- Welche Ziele suchte die Sowjetunion zu realisieren?

Stationen auf dem Weg zur Bundesrepublik Deutschland (Westzone)

ab August 1945:	Zulassung politischer Parteien
ab Dezember 1945:	Einteilung der Besatzungszonen in Länder
ab Januar 1946:	Wahlen auf Gemeinde- und Kreisebene
ab 1947:	Landtagswahlen
Januar 1947:	Errichtung der Bi-Zone
Juli 1948:	Frankfurter Dokumente
September 1948:	Errichtung des parlamentarischen Rates
8. Mai 1949:	Verabschiedung des Grundgesetzes
August 1949:	Wahlen zum ersten Deutschen Bundestag
15. September 1949:	Konrad Adenauer wird Bundeskanzler.

Die Ministerpräsidenten der Länder erhalten von den Militärgouverneuren die Order, eine verfassungsgebende Nationalversammlung einzuberufen, mit dem Auftrag eine demokratische Verfassung auszuarbeiten.

Schwerpunkte: Regierungsform des föderalistischen Typs; Schaffung einer angemessenen Zentralinstanz; Schutz der Rechte aller beteiligten Länder; Garantie der individuellen Rechte und Freiheiten.

--- --- --- ---

Die Ministerpräsidenten setzen in Verhandlungen durch, dass die neue Staatsordnung nicht Verfassung, sondern Grundgesetz heißen soll. Damit soll zum Ausdruck kommen, dass es sich bei dem Gebilde um ein Provisorium handelt, das die Spaltung zwischen Ost und West nicht noch weiter vertiefen soll.

--- --- --- ---

Der parlamentarische Rat versucht, die Fehler der Weimarer Republik zu vermeiden. Der neue Präsident soll nicht die Vormachtstellung besitzen, die der Reichspräsident in Weimar innehatte. Die Stellung des Bundeskanzlers soll gestärkt werden. Abwahl der Regierung außerhalb der Legislaturperiode nur durch ein konstruktives Misstrauensvotum mit der Wahl eines neuen Kanzlers. Das Gemeinwesen muss auf die allgemeine Gleichheit und Freiheit der Bürger gegründet sein. Das Prinzip der Gewaltenteilung muss umgesetzt werden. Die Garantie der Grundrechte muss gegeben sein, nicht als Anhängsel, sondern als staatstragender Grundsatz.

Die Entstehung der Bundesrepublik

Schema des Grundgesetzes der Bundesrepublik Deutschland:

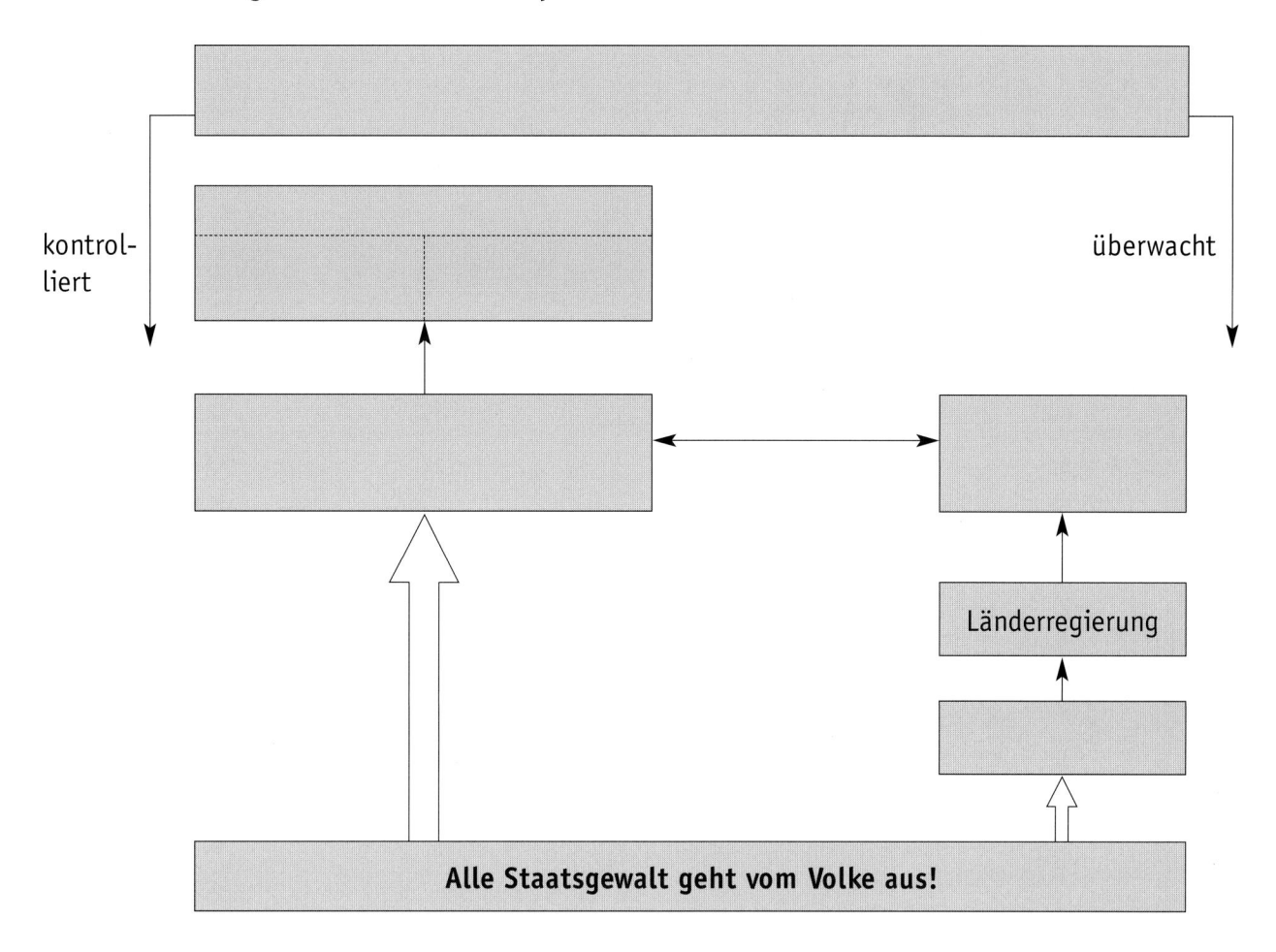

kontrol-
liert

überwacht

Länderregierung

Alle Staatsgewalt geht vom Volke aus!

- Erläutere die Stationen auf dem Weg zur Bundesrepublik.
- Welches Bemühen der Westmächte wird sichtbar?
- Interpretiere die Kernaussagen zu dem neuen Staatsgebilde.
- Ist der neue Staat eine „Erfindung" der Deutschen?
- Fülle das Staatsaufbauschema aus.
- Welche Prinzipien wurden umgesetzt?
- Welche Fehler der Weimarer Verfassung wurden vermieden?

Die Entstehung der DDR	
ab 1945:	Gruppe Ulbricht beginnt mit dem Aufbau eines sozialistischen Deutschlands
ab Juni 1945:	Antifaschistische Parteien dürfen gegründet werden
April 1946:	Vereinigung von KPD und SPD zur SED
	Zusammenschluss aller Parteien in der Nationalen Front
1947:	Volkskongress für Einheit und gerechten Frieden
1948:	Wahl eines Volksrates
1949:	Wahlen zum III. deutschen Volkskongress (Einheitsliste)
	Der III. deutsche Volkskongress stimmt der Verfassung zu
	Volksrat als provisorische Volkskammer der DDR
	Wahl von Wilhelm Pieck zum Präsidenten
	Wahl von Otto Grotewohl zum Ministerpräsidenten

Die Entstehung der Bundesrepublik

Anweisung von Ulbricht 1945:
Kommunisten als Bürgermeister können wir nicht brauchen. In Arbeiterbezirken sollen ehemalige Sozialdemokraten, in bürgerlichen Bezirken ein bürgerlicher Kandidat an die Spitze gestellt werden. Was wir brauchen sind der Dezernent für Personalfragen und Volksbildung und einen äußerst zuverlässigen Genossen zum Aufbau der Polizei. Es muss demokratisch aussehen, aber wir müssen alles in der Hand haben.

Die KPD ist der Auffassung, dass die gegenwärtige Lage Deutschlands einen Weg vorschreibt, den Weg der Aufrichtung eines antifaschistischen, demokratischen Regimes, eine parlamentarische Republik mit allen Freiheiten für das Volk.

In der Präambel der DDR-Verfassung heißt es:
Von dem Willen erfüllt, die Freiheit und die Rechte der Menschen zu verbürgen, das Gemeinschafts- und Wirtschaftsleben in sozialer Gerechtigkeit zu gestalten, dem gesellschaftlichen Fortschritt zu dienen, die Freundschaft mit allen Völkern zu fördern und den Frieden zu sichern, hat sich das deutsche Volk diese Verfassung gegeben.

- Berichte über die Stationen zur Gründung der DDR.
- Welches waren die treibenden Faktoren?
- Welche Taktik schlägt Ulbricht vor?
- Benenne Unterschiede und Gemeinsamkeiten in der Entwicklung der beiden deutschen Staaten.
- Welche Aussage trifft die Präambel der DDR-Verfassung?
- Vergleiche diese mit den Zielen des Grundgesetzes.

TIPP Stelle Unterschiede und Gemeinsamkeiten zwischen Grundgesetz und der Verfassung der DDR fest. Suche diese durch wenige bedeutende Aussagen der jeweiligen Gesetzestexte zu charakterisieren.

MERKE

Nach der Kapitulation wurde Deutschland in .... aufgeteilt: eine ...., ..., ... und .... Zone. Die .... konnten sich über die Gestaltung des Nachkriegsdeutschland nicht einigen. So entstanden letztlich mit der .... und der .... zwei deutsche Staaten mit unterschiedlichen ....- und .... Wichtige Stationen auf dem Weg zur Bundesrepublik waren die ...., der .... und die Berlin-Blockade.

Lösungen

Seite 1

August Bebel: 1911
Alfred Nobel: 1876
Kölnische Zeitung: 1914
Kaiser Wilhelm II.: 1914
Bertha von Suttner: 1909
Hugo Haase: 1914

Seite 2 Wegskizze – So kam es zum Ersten Weltkrieg

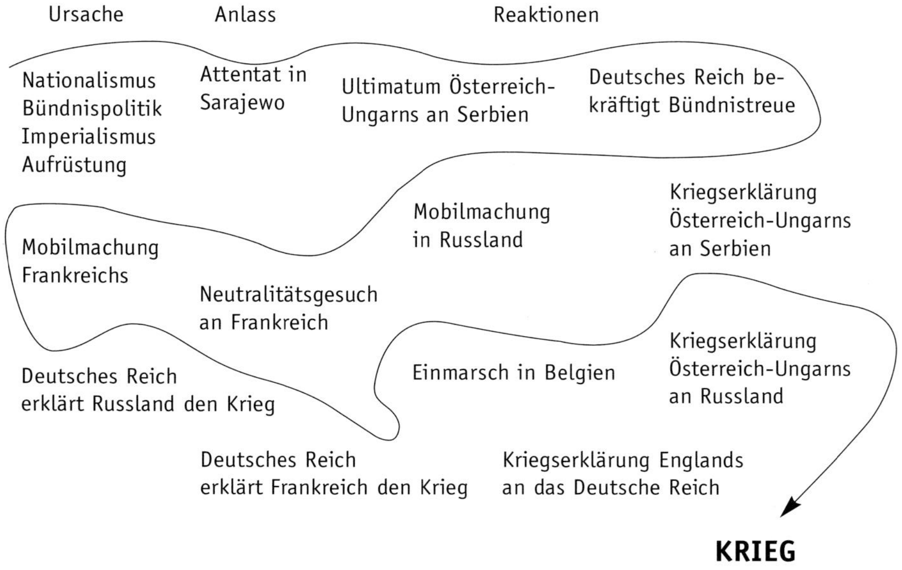

Ursache	Anlass	Reaktionen
Nationalismus	Attentat in Sarajewo	Deutsches Reich bekräftigt Bündnistreue
Bündnispolitik	Ultimatum Österreich-Ungarns an Serbien	Kriegserklärung Österreich-Ungarns an Serbien
Imperialismus		Mobilmachung in Russland
Aufrüstung		Kriegserklärung Österreich-Ungarns an Russland

Mobilmachung Frankreichs
Neutralitätsgesuch an Frankreich
Einmarsch in Belgien
Deutsches Reich erklärt Russland den Krieg
Deutsches Reich erklärt Frankreich den Krieg
Kriegserklärung Englands an das Deutsche Reich

→ **KRIEG**

Seite 10

MERKE

*Anlass des Ersten Weltkrieges von **1914** bis **1918** war die **Ermordung** des österreichischen **Thronfolgers**. Durch die bestehenden Bündnisse und die Kriegserklärungen an **Russland** und **Frankreich** musste das Deutsche Reich einen **Zweifrontenkrieg** führen. Im Westen und Osten kam es zum **Stellungskrieg** und zu **Materialschlachten**. Mit dem Kriegseintritt der USA im Jahre **1917** wurden die Mittelmächte zurückgedrängt. Im Oktober 1918 kam es zur Kapitulation des Deutschen Reiches. Der Krieg brachte für die Bevölkerung **Hunger**, **Not** und **Verderben**. Die Menschen sehnten sich nach **Frieden** und einer Republik.*

Seite 17

MERKE

*Die ersten Jahre der Weimarer Republik werden als die **Krisenjahre** umschrieben. Endgültig wurde der Erste Weltkrieg durch den **Versailler Vertrag** beendet. Diesen Friedensschluss empfanden viele Deutsche als **Diktat**. Von Links und Rechts wurden **Aufstände** gegen die junge Republik angezettelt. **Kapp** und **Hitler** waren zwei bekannte Anführer. Die **Inflation** sorgte für eine totale Entwertung des Geldes. Im Herbst **1923** war ihr Höhepunkt. Zuvor hatten Belgier und **Franzosen** das **Ruhrgebiet** besetzt. Deutschland reagierte mit **passivem Widerstand**.*

Seite 22

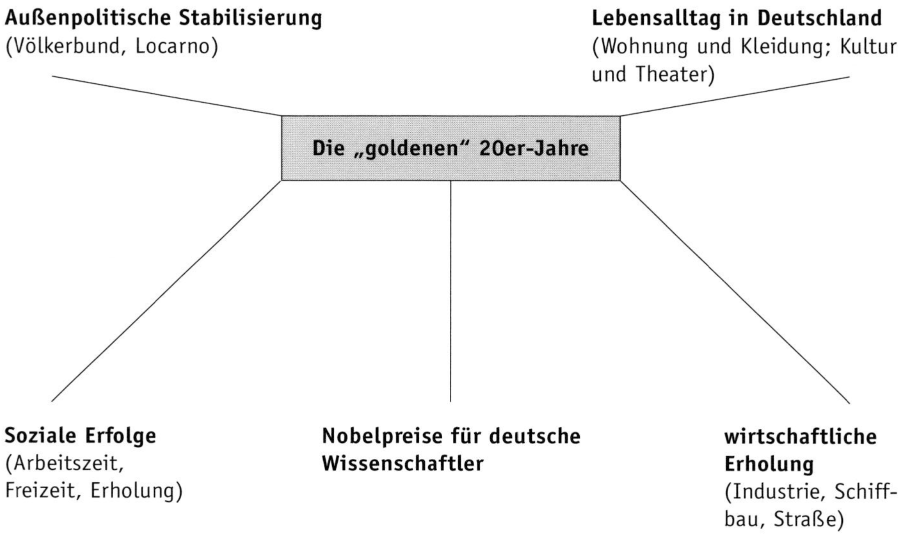

Die „goldenen" 20er-Jahre
- Außenpolitische Stabilisierung (Völkerbund, Locarno)
- Lebensalltag in Deutschland (Wohnung und Kleidung; Kultur und Theater)
- wirtschaftliche Erholung (Industrie, Schiffbau, Straße)
- Nobelpreise für deutsche Wissenschaftler
- Soziale Erfolge (Arbeitszeit, Freizeit, Erholung)

Lösungen

Seite 39

MERKE

Nach der Machtübernahme suchten die Nationalsozialisten alle Menschen, in die nationalsozialistische **Gesellschaft** einzugliedern durch die **Gleichschaltung**. Mit **Terror** und **Bespitzelung** wurden die Menschen eingeschüchtert. Jeder **Widerstand** wurde bereits im Keim erstickt. Betroffene Menschen wurden in **Konzentrationslager** eingeliefert. Radikal und menschenverachtend gingen die Nationalsozialisten vor allem gegen die **Juden** vor. Deren endgültige Vernichtung wurde unter dem Schlagwort „**Endlösung**" angekündigt. Die Zahl der **Arbeitslosen** ging zwar zurück, aber die gesamte Wirtschaft verfolgte nur ein Ziel: Vorbereitung zum **Krieg**.

Seite 46

MERKE

Der 2. Weltkrieg begann **1939** mit dem Überfall des Deutschen Reiches auf **Polen**. Nach der **Westoffensive** wurde mit Frankreich ein **Waffenstillstand** abgeschlossen. Gemäß den außenpolitischen Zielen Hitlers, **Lebensraum im Osten** zu schaffen, überfiel er 1941 die **Sowjetunion**. Mit der Niederlage bei **Stalingrad** und der Landung der Alliierten in der **Normandie** begann der Rückzug der deutschen Armeen. Ganz Deutschland litt unter dem **Bombenkrieg** der Alliierten. Nach der **Kapitulation** im Mai 1945 gab es in Deutschland **Hunger**, **Zerstörung**, **Flucht** und **Vertreibung**.

Seite 23

Kreuzworträtsel mit folgenden Einträgen:
1. KAPP
2. MARNE
3. SARAJEWO
4. INFLATION
5. SCHLIEFFEN
6. STOCKTE
7. STECKRÜBE
8. MINE
9. IMPERIALISMUS
10. GASKRIEG
11. MEMELLAND
12. RUSSLAND
13. BLOCKADE
14. WILHELM
15. HITLER
16. REPARATION
17. PUTSCH
18. DOLCHSTOSS
19. GRANATE
20. SIEGEL

Lösungswort: VERSAILLES

Seite 27

MERKE

Die Erfolgsjahre der Weimarer Republik nennt man auch die **goldenen 20er-Jahre**. Die Wirtschaft erholte sich und soziale Reformen wie **Wohnungsbau** oder **Arbeitslosenversicherung** wurden erreicht. Die Weltwirtschaftskrise führte auch in Deutschland zu großer **wirtschaftlicher Not**. Viele Menschen waren **arbeitslos** und gaben die Schuld an ihrem Schicksal den **bürgerlichen Parteien**. Mit der Ernennung **Hitlers** zum **Reichskanzler** wurde ein Wandel in der Politik eingeleitet. Mithilfe von zwei wichtigen Gesetzen, der **Notverordnung** zum Schutz von Volk und Staat und dem **Ermächtigungsgesetz**, gelang es Hitler, seine Macht auszubauen. Als er das Amt des **Reichspräsidenten** 1934 übernahm, wurde Deutschland endgültig zu einer **Diktatur**.

Lösungen

Seite 53

Bundesverfassungsgericht — überwacht / kontrolliert

Bundesregierung (Bundeskanzler, Bundesminister) — wählt / kontrolliert — Bundestag

Bundestag ←Wahl— VOLK

Bundesrat ← Vertreter — Länderregierungen ← bilden — Länder-Parlamente ← Wahl — VOLK

Gesetzgebung zwischen Bundestag und Bundesrat

VOLK – Alle Staatsgewalt geht vom Volke aus – VOLK

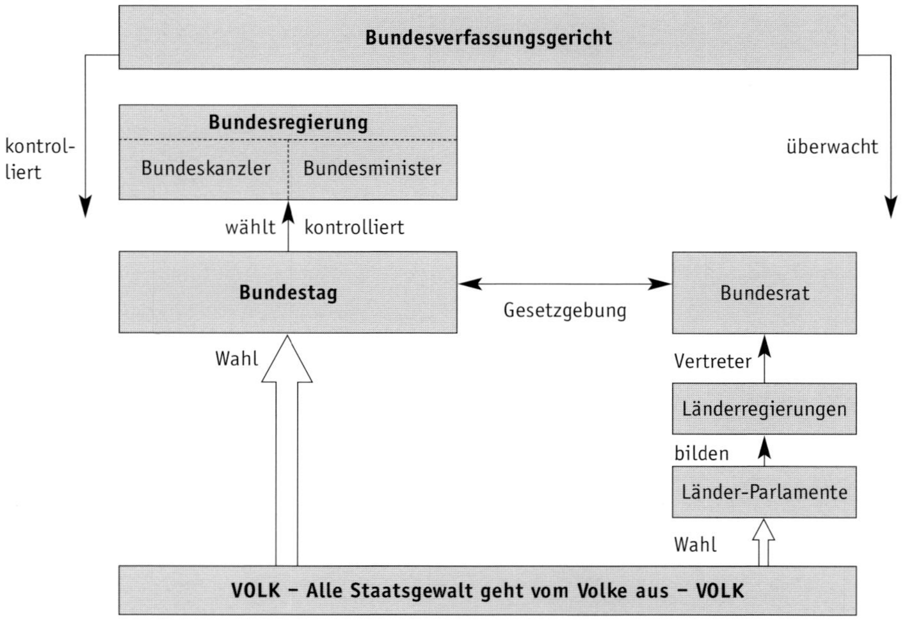

Seite 54

MERKE

Nach der Kapitulation wurde Deutschland in Besatzungszonen aufgeteilt: eine amerikanische, britische, französische und sowjetische Zone. Die Siegermächte konnten sich über die Gestaltung des Nachkriegsdeutschland nicht einigen. So entstanden letztlich mit der Bundesrepublik Deutschland und der DDR zwei deutsche Staaten mit unterschiedlichen Gesellschafts- und Staatssystemen. Wichtige Stationen auf dem Weg zur Bundesrepublik waren die Währungsreform, der Marshall-Plan und die Berlin-Blockade.

Seite 47

Kreuzworträtsel-Lösungen:

1. ARBEITSFRONT
2. FUEHRERSTAAT
3. (B)
4. NSDAP
5. K
6. SANDSACK
7. M
8. GAU
9. S
10. SCHAFT / S
11. VOLKSGEMEINSCHAFT
12. H
13. OHLACHT / LUFTSCHLACHT
14. A
15. LUFTSCHUTZ...
16. KONZENTRATIONSLAGER
17. ALLIIERTE
18. ZWANG
19. STALINGRAD
20. A
21. PAULUS
22. POLEN
23. K / STURMBANNFÜHRER-artig – STURMBANN
24. ENDSIEG
25. S
26. ELSERGRUPPE / HEERESGRUPPE
27. R / RUSSLAND
28. ORTSGRUPPENLEITER
29. BOMBE
30. G
31. HAMSTERTOUR / HAMSTERDIENST
32. G
33. J / JUGEND
34. ARBEITSDIENST
35. BLITZKRIEG

Lösungswort: VOLKSEMPFAENGER